Fernando Gomes

Um mestre no século XIX

Celia Ribeiro

Fernando Gomes

Um mestre no século XIX

L&PM
EDITORES

Capa: Marco Cena sobre detalhe da foto "Passeio ao Caí": prof. Gomes e a filha
Editoração e índice remissivo: Cristiano Guterres
Praparação de original: Cláudia Laitano e Jó Saldanha
Revisão: Bianca Pasqualini

G633r Ribeiro, Celia
Fernando Gomes: um mestre no século XIX/ Celia Ribeiro.
– Porto Alegre: L&PM, 2007.
144 p. : il.fotogr. ; 21 cm.

ISBN 978-85-254-1680-3

1.Gomes, Fernando, 1830-1896.-biografia..2.Educação-Rio Grande do Sul – Fernando Gomes, I.Título.

CDU 92(Gomes, F.):37(816.51)
37(816.51):92(Gomes, F.)

Catalogação elaborada por Izabel A. Merlo, CRB 10/329.

Rua Comendador Coruja 314, loja 9 – Floresta – 90220-180
Porto Alegre – RS – Brasil / Fone: 51.3225.5777 – Fax: 51.3221-5380

PEDIDOS & DEPTO. COMERCIAL: vendas@lpm.com.br
FALE CONOSCO: info@lpm.com.br
www.lpm.com.br

Impresso no Brasil
Primavera de 2007

Fernando Ferreira Gomes.

Prof. Fernando Ferreira Gomes
Porto Alegre: 1830-1896

*Quod enim reipublicae afferre maius meliusve possumus quam si docemus atque erudimus iuventutem?**

Cícero

* Que maior e melhor serviço podemos prestar à República do que educar e instruir a juventude? (N.A.)

Sumário

Apresentação

*Sérgio da Costa Franco**

Um novo livro de Celia Ribeiro dispensaria apresentação ao público leitor. Jornalista aplaudida, ela nos dá, há muitos anos, lições de cortesia e boas maneiras através de sua coluna da *Zero Hora* e de vários livros publicados sobre a matéria. Difundir civilidade e amabilidade nesta selva agressiva não é tarefa simples. E fazê-lo com sucesso é proeza que credencia Celia para os mais altos vôos.

Mas a experiente jornalista, quando se resolveu a enveredar para a biografia e a história regional, estava cheia de dúvidas, imaginando que invadia território minado de insuperáveis dificuldades. Tive ocasião de estimulá-la, apontando para o bom êxito de várias personalidades da imprensa que abraçaram o gênero biográfico. E, como eu imaginava, deu muito certo.

O estudo de Celia Ribeiro sobre seu bisavô Fernando Gomes foi bem pesquisado e se acha perfeitamente documentado, como talvez muitos profissionais da historiografia não alcançassem fazê-lo. O grande pedagogo da Porto Alegre oitocentista ressurge nestas páginas como se fosse um contemporâneo próximo, de muito carisma e saber, identificado com a sociedade porto-alegrense e com a juventude de seu tempo.

De resto, a autora também conseguiu transportar-nos para o mundinho da rua da Igreja na segunda metade do sé-

* Procurador de Justiça aposentado e historiador.

culo XIX, quando as senhoras vizinhas se enchapelavam para atravessar a rua e visitar a viscondessa no Solar dos Câmara. Quando as cabeças mais arejadas sonhavam com a abolição da escravatura e a República. E quando os alunos do respeitado professor pediam-lhe conselhos e lhe contavam episódios da vida pessoal, muitos anos depois de haverem deixado as portas do Colégio Gomes.

Enfim, eis-nos diante de uma biografia objetiva, bem-humorada e bem-escrita, que ao mesmo tempo é um ensaio sobre a história cultural de Porto Alegre, tão pobre de informação sobre seu sistema escolar e seus professores.

Um corte transversal na vida da província

Flávio Loureiro Chaves*

O ensaio de Celia Ribeiro propõe várias questões instigantes. A primeira delas é o resgate da personalidade de Fernando Gomes. Foi uma figura emblemática dos seus dias, imprimindo marca indelével na formação política e cultural do Rio Grande do Sul, como logo se vai ler nas páginas seguintes. Creio entretanto que, a não ser no registro de historiadores mais cuidadosos, poucos seriam capazes de identificá-lo hoje. Sua lembrança ficou subsumida nas dobras do tempo e num país onde a memória histórica se consome rápido em fogo de palha.

Celia Ribeiro saiu em busca do antepassado ilustre, que ela não chegou a conhecer. Jornalista de longo curso, transformou a afetuosa curiosidade em verdadeiro desafio intelectual e daí nasceu este pequeno/grande livro. Seu solo firme é uma pesquisa que aponta para a alegria da descoberta, mas não renuncia à objetividade do relato. Assim, os depoimentos pessoais são confrontados aos documentos da época; as lembranças que se transmitiram de boca em boca duma geração a outra só valem quando sancionadas na letra de velhos jornais e revistas, compulsados num trabalho de infinita paciência; as cartas amarele-

* Doutor em Letras pela Universidade de São Paulo. Professor Titular da UFRGS e da Universidade de Caxias do Sul.

cidas e as fotografias em tom sépia simultaneamente animam o depoimento e atestam sua veracidade. Enfim, aqui a lembrança se faz memória no sentido rigoroso do termo: o passado só interessa porque reflui ao nosso presente.

Neste percurso o retrato de Fernando Gomes foi recuperado dentro do panorama da sua época. E o documentário ilumina um quadro mais amplo do que podia parecer à primeira vista. Menciono alguns tópicos dentre muitos outros: a vida familiar nos fins do século XIX e a intrincada malha das relações de parentesco; a construção da pirâmide social num meio que ainda obedecia ao rígido protocolo das convenções imperiais no casamento, na hierarquia, nas trocas econômicas, até na retórica dos políticos; o sistema pedagógico onde começam a soprar os novos ventos do cientificismo; também a herança escravocrata, que pouco depois seria varrida pela vitória da causa abolicionista. Aí está uma sociedade em franca transição.

Foi no coração urbano da Porto Alegre ainda provinciana que Fernando Gomes, atento às mudanças e atuante nas conjunturas da vida social, fundou um colégio, inaugurando assim um núcleo decisivo já no patamar dos novos tempos. Entre os pontos extremos de 1830 e 1896 sua vida transcorreu num momento histórico crucial. Observado sob a perspectiva de hoje, o projeto pedagógico que ele idealizou situa-se no epicentro dos acontecimentos, pois acolheu o segmento mais significativo da geração que adiante construiria o Rio Grande do Sul moderno e republicano.

Celia Ribeiro percebeu-o com fina intuição e não deixou escapar a vez. O que se depara é um colorido registro da sociedade finissecular, onde o colégio de Fernando Gomes se torna cenário privilegiado. Os mestres que logrou reunir estabeleceram um legítimo pólo de congregação, e os alunos que aí se formaram logo serão os protagonistas da realidade que mudou não só a face da província mas do país. Então este livro desdobra-se além dos limites da biografia para ler a circunstância histórica, levantando questões ainda não suficientemente evidenciadas. Qual é o momento inaugural da formação de Júlio de Castilhos e Borges de Medeiros, quais as idéias que cedo adquiridas iriam acompanhá-los para sempre? A resposta nós vamos tê-la na empresa educacional de Fernando Gomes, nos bancos escolares freqüentados pelos personagens cuja ação política logo repercutiria no âmbito nacional. E estes são apenas dois exemplos do corte transversal obtido por Celia Ribeiro que, resgatando uma figura emblemática, faz luz sobre a passagem do estatuto imperial para o Brasil moderno.

O texto deixa de ser mera biografia familiar. Prefiro substantivá-lo como um ensaio, que mantém em confronto o homem e seu tempo. Por isso, cabe salientar a conquista de um estilo na maneira de escrever. Recusando a crônica linear e horizontal, Celia Ribeiro optou por intercalar no texto trechos de correspondências, materiais iconográficos até aqui inéditos, noticiários e chamadas publicitárias da imprensa no período examinado. Não se esquivou nem mesmo de alguns diálogos que, embora supostos, encontram plena veracidade no substrato documentário. Tudo proporciona ao leitor o andamento de uma narrativa que se lê usufruindo o "prazer do texto" (para utilizar uma expressão de Roland Barthes). Estamos distantes, felizmente, daquele cipoal que enreda as exposições acadêmicas.

Não é demais insistir nesse último aspecto. Recuperada por Celia Ribeiro e filtrada por sua sensibilidade pessoal, a realidade deixa entrever alguns aspectos que quase invadem o campo do imaginário, provados e comprovados que tenham sido. Assim, a roda dos expostos que funcionou na antiga Santa Casa de Misericórdia. Também o trânsito da vida privada para a vida pública ou vice-versa, que ocorre incessantemente entre as duas casas (aliás geminadas) que Fernando Gomes possuiu, a residência e a escola. Mas principalmente o relato das peripécias que cercaram o matrimônio de Carlos Maximiliano, jurista eminente da República e amigo próximo, fatos aliás elencados de próprio punho pelo seu protagonista. Nada posso adiantar, mas fico me perguntando o rendimento que tais "episódios" cobrariam se apropriados na ficção de um Vargas Llosa, de um García Márquez.

Espera-se de uma biografia – qualquer biografia – que esta ultrapasse o seu objetivo primário para que não se reduza à propriedade privada de historiadores minudentes ou mera coleção de registros nas águas mortas do passado. No presente caso o fascinante percurso existencial de Fernando Gomes não está amarrado a nenhuma das duas hipóteses; é, ao contrário, o espelho do tempo e de suas incontáveis mutações.

O ensaio de Celia Ribeiro mobiliza meu entusiasmo e me emociona no resultado final. Restaura-se aqui uma parcela da memória familiar. Também se ilumina um tempo em que os destinos da antiga Província de São Pedro estavam sendo traçados na direção de um novo século. Sobretudo, inaugura-se uma narrativa repleta de sugestões que ora conduzem à realidade histórica, ora sugerem aquilo que essa mesma realidade inclui de fantástico, beirando já o imaginário coletivo. A biografia de Fernando Gomes resgata o homem; mas a perspectiva poliédrica abre-se para o seu mundo e também para o nosso. Tudo garante a vigência de um belo texto.

Prefácio

Muitos homens que contribuíram para o desenvolvimento político e cultural do Rio Grande do Sul, do final do século XIX até as primeiras décadas do século passado, foram alunos do Colégio Gomes, o mais importante estabelecimento particular de ensino primário e secundário de Porto Alegre. Seu diretor, o professor Fernando Ferreira Gomes, é meu bisavô, pai de minha avó paterna, Maria Olívia Gomes Pinto Ribeiro, a Yayá que se tornaria conhecida no Rio Grande do Sul pelo livro *Receitas de Yayá Ribeiro.*

Recentemente, tornei a ver os documentos e fotografias das famílias Gomes e Pinto Ribeiro, encontrados por minha mãe, Maria Krieger Pinto Ribeiro, dentro de uma caixa com os guardados de sua sogra Yayá, quando esta faleceu, em 1943. Essa caixa ficou entre os meus arquivos, mas só após mais de trinta anos tive a curiosidade de reabri-la. A leitura de documentos centrados em Fernando Ferreira Gomes foi o ponto de partida para as pesquisas que me levaram à descoberta de uma vida que se destacou no magistério e faz parte da história da Porto Alegre do século XIX.

A caminho de me tornar octogenária, com o espírito de jornalista que persiste vivaz, é compreensível o interesse em resgatar histórias de nossa família que apenas ouvi contar e que explicam o temperamento e as atitudes de parentes que morreram antes de eu nascer, permaneceram vivos na memória daqueles que os amaram e foram por mim amados.

Esse resgate da memória familiar aviva as recordações de minha infância no casarão da rua Duque de Caxias, 955 (ex-número 187), rua esta que meu pai, Hugo Pinto Ribeiro, um dos netos de Fernando Gomes, sempre chamou de rua da Igreja. Recordo o casarão como um cenário digno de uma peça teatral sobre o convívio de uma sólida família. Os personagens que ali viveram foram se retirando por solicitações da sua vida pessoal ou morreram na casa, quase em frente ao Solar dos Câmara, geminada à outra onde existiu o Colégio Gomes.

A decadência do casarão que freqüentei até os treze anos era visível no desgaste das paredes e das portas e janelas, onde uma pintura restauradora seria vista como maquiagem grotesca. A geração do professor Fernando Gomes e a de seus pais deixou marcas naqueles interiores. Não só nas fisionomias tristes e contemplativas nos retratos a *crayon* e a óleo, que pendiam nas paredes em imponentes molduras douradas, como nos móveis neo-renascentistas que davam realce às bandejas de prata portuguesa e às porcelanas francesas e alemãs do final do século XVIII.

O que mais me impressionava era o grande e pesado álbum com a capa revestida de placas de madrepérola de onde partiam reflexos multicoloridos de acordo com a incidência da iluminação. Dois majestosos espelhos venezianos, inclinados na parede principal da sala de visitas, repetiam os detalhes da decoração, ampliando o espaço. A avó Yayá contava que o álbum e o par de espelhos foram presenteados a seu pai por amigos do Colégio Gomes. O álbum e as dezenas de fotos não mais existem.

Ao ler algumas cartas de ex-alunos dirigidas ao meu bisavô, tive curiosidade de pesquisar em arquivos públicos de Porto Alegre as informações esparsas de sua vida. Não existe um livro específico sobre o Colégio Gomes, ainda que o professor e sua escola sejam citados em biografias e ensaios de gaúchos ilustres que foram seus alunos. Na medida em que as pesquisas evoluíam, fui traçando um esboço da personalidade do respeitado mestre porto-alegrense que, no exercício de sua vocação e estimulado pelo calor do afeto dos discípulos, encontrou a realização de sua vida.

Uma inspiração da maior importância para este livro, que deu vida à imagem de Fernando Gomes, me permitindo completá-la, além das fotografias, através da revelação de fatos de sua vida pessoal, é o ensaio biográfico publicado no *Annuario do Estado do Rio Grande do* Sul – *1898*, de autoria do advogado Carlos Maximiliano Pereira dos Santos (1873-1960), e editado pelo advogado Graciano Alves de Azambuja, ambos ex-alunos do Colégio Gomes. Foi o professor Paulo Gomes de Paula Leite que me ofereceu uma cópia desse trabalho, enquanto conversávamos no gabinete de sua residência, no Rio, diante do retrato de nosso bisavô Fernando Gomes pintado a óleo.

Nas cartas de ex-alunos do mestre, percebe-se que o respeito e o afeto que ele despertou naqueles meninos irradiou-se ao longo de suas vidas. Além de lhes abrir o caminho para o conhecimento, deu-lhes uma formação ética e humanística. Pelas salas de aula do professor Gomes, em Porto Alegre, aproximadamente de 1857 a 1886, entre centenas de alunos, passaram Barros Cassal, Bibiano Constallat, Borges de Medeiros, Carlos Maximiliano, Emílio Emiliano Gomes (seu filho), J.F. de Assis Brasil, João Daudt Filho, Júlio de Castilhos, Landell de Moura, Mathias José Velho, Múcio de Castro, Sílvio Rangel e Protásio Alves.

Confio aos leitores *Fernando Gomes, um mestre na Porto Alegre do século XIX*, para que conheçam um pouco mais de nossa cidade, os costumes daquele tempo, os ilustres professores que viraram nome de ruas pelas quais passamos, muitas vezes sem saber o motivo da honraria.

Agradeço a Ivan Pinheiro Machado e Paulo de Almeida Lima, da L&PM, por investirem na edição desta obra histórica, depois de uma série de livros sobre etiqueta que escrevi para sua editora, numa parceria de quase vinte anos. Lembro que começamos essa relação, da qual nasceu uma sólida amizade, em 1988, com *Receitas de Yayá Ribeiro*, quando a L&PM ressurgiu o livro de minha avó – a filha do professor Fernando Gomes.

Celia Ribeiro
Porto Alegre, setembro de 2007

Berço farroupilha

No ano de 1830, na corte do Rio de Janeiro, o imperador D. Pedro I enfrentava sérias dificuldades com o clima de confronto dos partidos políticos e o descontentamento geral que reinava no país. D. Pedro já pressentia que seria inevitável sua abdicação em favor do filho, o príncipe D. Pedro de Alcântara, de quatro anos. Porto Alegre, como capital da Província de São Pedro do Sul, com uma população de doze a quinze mil habitantes, já era um centro movimentado, ainda que a condição de cidade tivesse sido adquirida apenas oito anos antes. O mais importante jornal da capital da província era o *Constitucional Rio-Grandense,* fundado em 1828, em substituição ao *Diário de Porto Alegre*, lançado em caráter oficial um ano antes, com breve duração.

O novo jornal, que se intitulava político e literário, mantinha vivas as discussões acaloradas dos dois partidos – o conservador, que apoiava o regime, e o liberal, que se opunha às atitudes discriminatórias do governo imperial em relação à província. Um dos fundadores do Partido Liberal foi Vicente Ferreira Gomes, que começou a carreira jornalística nos editoriais do *Diário de Porto Alegre.*

Foi, no entanto, como diretor e redator do *Constitucional Rio-Grandense* que Vicente mais veementemente propalou sua ideologia liberal, reagindo contra a situação política da província, com críticas ao governo central. Ele atacava sem se preocupar com o fato de o jornal ser impresso na tipografia da Santa

Casa de Misericórdia, que dependia do governo. Era grande a repercussão desses artigos do *Constitucional Rio-Grandense*, distribuído em Porto Alegre e nas cidades de Rio Grande, Rio Pardo e Pelotas, por quatro mil-réis a assinatura semestral e oitenta réis o número avulso. A divisa do jornal *Constitucional-Rio-Grandense* já preparava o leitor para as matérias de alto cunho político:

Pela Pátria.
Vê sem torcer a veste
Sem susto à morte
Sem cobiça ao ouro.

Vista oeste de Porto Alegre em 1837. A igreja matriz à esquerda sinaliza a rua da Igreja. À direita, em primeiro plano, entre dois barcos, a Presiganga, o navio-prisão

As preocupações de Vicente com o jornal ficaram de lado na manhã iluminada apenas por um pálido sol de outono do dia 10 de maio de 1830. No alto da colina da rua da Igreja, que definia a paisagem como um anfiteatro à margem do Guaíba, Vicente, sozinho na sala, sentado no incômodo sofá de palhinha, já com dor nas costas devido ao encosto reto, fumava seu charuto. A janela da casa modesta de estilo colonial português estava aberta, deixando entrar frio e umidade. O silêncio na casa fazia Vicente ficar mais nervoso ainda: as mulheres estavam todas no quarto do casal, ao fundo do corredor.

Aquele homenzarrão sentia arrepios pelo corpo e, de vez em quando, se levantava para caminhar, contando os poucos passos de um extremo ao outro da sala. Seu olhar vagava além dos telhados rosados da rua da Ponte até as águas do Guaíba. Ele tentava se livrar da angústia, observando o vaivém das embarcações a vela que chegavam e partiam pelos afluentes do rio, ligando Cachoeira, Rio Pardo e outras cidades gaúchas a Porto Alegre.

O rapaz de 25 anos pensava na mulher, Francisca, em trabalho de parto do terceiro filho. Ele temia pelo futuro da criança e pressionava nervosamente uma mão na outra, assegurando a si mesmo: "Esta nós vamos criar".

Vicente e Francisca tinham perdido dois filhos recém-nascidos, e ele imaginava os novos cuidados que deveriam ser dispensados para que este atingisse a vida adulta. Seus cismares foram interrompidos pelos passos da mãe, Perpétua, que chegava para comunicar que ele acabara de ser pai de um lindo menino, "bem maior e robusto que os outros". Tudo correra bem. Vicente curvou-se para beijar as mãos que Perpétua lhe oferecia, num gesto usual entre mães e filhos naquela época. Disse que o nome para o filho varão já escolhera fazia meses:

– Ele vai se chamar Fernando. Fernando Ferreira Gomes.

Para entender a evolução do menino Fernando e tudo que enfrentou até ser conhecido e respeitado como o professor Gomes, é preciso conhecer a história de seus pais. Se a herança genética teve grande influência em muitas de suas características físicas e psicológicas, a educação recebida de sua mãe lhe valeu o equilíbrio de vida. Tal qualidade, acrescida ao vigor herdado do pai, facilitou a superação das dificuldades desencadeadas pela morte deste, quando Fernando tinha oito anos.

Vicente Ferreira Gomes (1805-1838) era filho de Apolinário José Gomes, nascido em Lisboa, na Freguesia de Santa Engrácia. O avô paterno de Fernando Gomes veio muito jovem para o Brasil e se estabeleceu em Porto Alegre, onde casou, em 1803, com a gaúcha Perpétua Maria dos Santos Gomes, a única avó que Fernando conheceu. Vicente foi o segundo dos dez filhos da união de Perpétua e Apolinário José, mas só chegaram à vida adulta, além dele, Maria Carolina, Apolinário José, Teresa Carolina, Lúcio José, Antônio José e Joaquim José Gomes.

Perpétua tinha sangue indígena. Seu ancestral, o português João Ramalho, chegado ao Brasil em 1532, viveu maritalmente com a índia Bartira, mais tarde batizada Isabel, filha do cacique Tibiriçá, nascida nos campos de Piratininga.

Vicente foi um menino voluntarioso e de inteligência vivaz, desenvolvida na escola do respeitado padre Thomé Luiz de Souza. Tornou-se um rapaz popular, apelidado de Carona, por ser corpulento, ter feições bem marcadas e gestos largos que logo o destacavam. Além de jornalista, Vicente trabalhava como rábula (advogado sem diploma). Para legalizar a situação, submeteu-se a provas perante uma junta de advogados e prestou juramento como juiz municipal. Trabalhou também como escriturário da Contadoria da Junta da Fazenda e, bem relacionado e inflamado orador, conquistou uma cadeira de deputado na Assembléia Provincial.

O homem era dotado de uma extraordinária energia. Sabia dividir seu tempo, sem deixar de lado as poucas distrações que a provinciana Porto Alegre oferecia. Seu jeito extrovertido, o entusiasmo pelo teatro e o prestígio de jornalista facilitaram que se tornasse membro da diretoria do primeiro grupo de teatro amador de Porto Alegre, a sociedade *Theatrinho Particular*, cujo secretário era o professor Antônio Álvares Pereira Coruja. Vicente não se limitava à parte administrativa, e atuava nos bastidores como segundo contra-regra dos espetáculos.

Francisca Aucta Vélez, a mãe de Fernando Gomes, foi exposta, isto é, deixada recém-nascida por desconhecidos na porta da casa do tenente e vereador José Francisco Faria e Costa no dia 20 de agosto de 1810, conforme sua certidão de batismo, datada de 1º de setembro. No documento que equivalia à certidão de nascimento, na época do Império, quando a Igreja estava ligada ao Estado, a menina é citada simplesmente como Francisca, afilhada de Fernando Antônio Viana.

Exposta não era uma palavra rara nas certidões de batismo, definindo bebês abandonados na porta de casas de família para serem acolhidos. Nem sempre eram famílias abastadas, e algumas ficavam com os enjeitados, garantidas pelo sustento dos expostos que era encargo municipal. Como no início do século XIX, em Porto Alegre, o número de expostos aumentava, foi instituído um fundo de recursos provenientes da Câmara de Vereadores e de um grupo de cidadãos sensíveis àquele problema social.

Em 1837, durante a Revolução Farroupilha, a Santa Casa passou a receber os bebês na roda dos expostos. Era um disco de madeira, em forma de tambor, instalado em sentido horizontal, na parte interior do prédio, cuja parede tinha uma abertura para a rua, por onde colocavam a criança. Soava então um sino, avisando aos funcionários encarregados que deveriam girar a roda para recolher mais um exposto. Francisca Aucta Vélez Gomes não passou por esse ritual como já se viu na referência do seu atestado de batismo.

Entre o batizado e o casamento com Vicente Ferreira Gomes há um hiato de informações sobre a vida de Francisca. O fato de ter sido exposta não a impediu ser aceita por uma família bem constituída, como a de dona Perpétua e Apolinário José Gomes. Os noivos tinham, respectivamente, 16 e 21 anos de idade. A cerimônia religiosa realizou-se às sete horas da noite do dia 13 de abril de 1826, na Matriz de Nossa Senhora da Madre de Deus ainda com as duas torres desiguais. Depois da citação do noivo como filho legítimo do finado Apolinário José Gomes e dona Perpétua Maria dos Santos Robalo Gomes, a noiva foi apresentada como dona Francisca Aucta Vélez, exposta em casa do tenente José Francisco de Faria e Costa. Sem filiação. Atuaram como testemunhas do casamento o padre Thomé Luiz de Souza que fora professor de Vicente, Manoel Américo da Costa e Zeferino José Rodrigues Ferreira.

O casamento de Vicente e Francisca transcorreu em uma cerimônia ao cair da tarde, horário que exigia licença especial do bispo. A viúva Perpétua Maria dos Santos Gomes era muito devota e freqüentava a antiga catedral. Na certidão de casamento do filho, há uma referência ao fato de os noivos serem "naturais e batizados nesta mesma freguesia". Eles moravam nas imediações da rua da Igreja, que se estendia à Cidade Baixa e, como o bairro era pequeno e Porto Alegre quase uma aldeia, conheciam-se desde crianças.

De onde surgiu o sobrenome espanhol de Francisca? Ela foi uma moça graciosa e sua digna trajetória de vida revela ter sido criada por uma família de trato, da qual adotaria o sobrenome. Na época, era comum, pois até os escravos usavam o nome de família de seus senhores. Seria muita coincidência, Francisca e Vicente terem escolhido o tenente-coronel Vélez como padrinho de batismo de seu filho Fernando sem uma razão mais forte. Concluí ter sido uma homenagem àquele que deu seu nome a Francisca ou – quem sabe – seria sua filha natural ou de outro membro da família Vélez. Nas pesquisas realizadas não achei vestígios de que ela tivesse recebido alguma herança.

Yayá Gomes Pinto Ribeiro, minha avó, neta de Francisca, contava que nós tínhamos, além do sangue português dos primeiros casais açorianos que ajudaram a construir a povoação de Porto Alegre, um pouco de sangue espanhol. A família acreditava, portanto, que o pai biológico de Francisca fosse um Vélez.

Um ano depois de casados, Francisca e Vicente tiveram seu primeiro filho, Francisco (1827), falecido com poucos meses. Quase dois anos depois nasceu outro Francisco, que teve o mesmo destino. Isso não era raro no século XIX. Havia alto índice de mortalidade de bebês desidratados em decorrência de disenterias, enterites e a infecção do cordão umbilical chamada Mal dos Sete Dias. O falecimento desses recém-nascidos era comunicado pelos pais nos jornais de Porto Alegre.

Fernando Ferreira Gomes foi batizado no dia 22 de janeiro de 1831, conforme o registro da Cúria Metropolitana. Teve por padrinho o já citado tenente coronel Francisco Diogo Vélez, representado na ocasião pelo sargento-mor Antônio José Ramos. A madrinha foi dona Rita de Cássia de Almeida Corte Real, irmã do coronel Afonso José de Almeida Corte Real, herói da Guerra dos Farrapos, que seria morto em uma escaramuça entre as tropas imperiais e as farroupilhas.

Vicente e Francisca não tiveram preocupações com a saúde do terceiro filho. O saudável Fernando atravessou a primeira infância sem uma doença grave e teve mais dois irmãos. Seus pais ainda insistiriam com o nome Francisco, e assim batizaram o outro menino, nascido em 1832, também uma criança que se criou bem e que seria sempre chamado de Chiquinho. Rita, a caçula, nasceu em 1834. Este foi o núcleo familiar de Fernando Gomes.

Enquanto a família crescia, Vicente envolvia-se cada vez mais com a política, num cenário de agitações, em que as paixões efervesciam no Rio Grande do Sul descontente com o governo imperial, até a Revolução Farroupilha eclodir, no dia 20 de setembro de 1835. Fernando Gomes tinha cinco anos. Seu pai era adepto do movimento revolucionário, estimulado pelo amigo, o então coronel Bento Gonçalves da Silva. No mesmo ano, instalado o governo provisório farroupilha, em Porto Alegre, Bento nomeou Vicente chefe de polícia da capital da província. Existe um documento, datado de 19 de abril de 1836, que comprova o exercício dessa função durante o tempo em que a capital da província esteve ocupada pelos farrapos.

Ilmo e Exmo Srs

Querendo dar cumprimento ao despacho de V Excia propondo no requerimento (que devolvo) de Anna Maria do Amor Divino, em que pede a soltura de seu marido Antonio da Costa, lembrei-me que tinha uma carta que lhe dirigiu o genro, do acampamento dos rebeldes, e pondo-a na presença de V Excia, rogo a V Excia que haja de me determinar o que ulteriormente devo fazer. Deus guarde a V Excia.

Porto Alegre, 19 de abril de 1836

Illmo e Exmo Snr Doutor Marciano Pereira Ribeiro

(a) Vicente Ferreira Gomes

Chefe de Polícia Interino

A situação favorável, no entanto, duraria pouco. Em 15 de junho de 1836, houve a reação legalista, e o governo imperial retomou a cidade. Vicente é preso e levado com outros políticos para a *Presiganga*, um navio-cárcere, fundeado no Guaíba. Nessa prisão, ele reencontrou o professor Antônio Alves Pereira Coruja, seu companheiro nos palcos do *Theatrinho Particular* e testemunha das fortes dores que torturavam Vicente Gomes. Seu estado de saúde se tornou tão precário que foi levado para o 8º Batalhão e, depois, o internaram no hospital Militar, instalado em uma ala da Santa Casa.

Vicente sofria dos rins havia muitos anos, em conseqüência de uma queda de cavalo. Sua carta de despedida, assinada como o Redator, aos leitores do *Constitucional Rio-Grandense*, publicada, cinco anos antes, na edição de 26 de março de 1831, quando Fernando tinha onze meses, bem o comprova.

O jornalista se referia às débeis condições físicas que o impediam de desempenhar como devia suas tarefas, encerrando o artigo de despedida de uma forma pomposa como era do seu estilo : *[...] nossas enfermidades não nos permitem continuar na redação deste periódico, ficando-nos a glória de ter procurado ser úteis a nossos concidadãos em prol de seus direitos de liberdade [...]* Já era uma mensagem revolucionária.

O jornalista se tornaria um farroupilha ao participar das reuniões do grupo de liberais que dariam origem à Guerra dos Farrapos. Esse clima foi num crescendo. Pode-se imaginar o reflexo no lar de Vicente e Francisca, Fernando aprendendo as primeiras letras com a mãe, como era costume na época; Chiquinho e Rita ainda crianças de colo. O pai, preso. Durante a revolução, as notícias corriam rapidamente, e Francisca Vélez Gomes vivia angustiada.

Vicente morreu, aos 33 anos, no dia 1º de junho de 1838. A jovem viúva assumiu com muita coragem os três filhos, enfrentando dificuldades financeiras. Perpétua, a sogra, viúva também com filhos menores, esteve muito próxima aos netos órfãos, cativada por Francisca, que era extremamente afetuosa. As duas envolveram Fernando com muito amor, sem protegê-lo em demasia, pois percebiam que o menino, esperto e precoce, encontraria o seu caminho, desde que tivesse uma boa escola. E isso não era fácil naquele tempo.

Nos últimos anos da Revolução Farroupilha (1835-1845), houve uma estagnação no ensino. Há uma carta, datada de novembro de 1844, de João Rodrigues Fagundes, diretor de Instrução Primária, dirigida ao então presidente da Província, o barão de Caxias. O diretor pedia que fosse suspensa a incorporação, à força, dos alunos de idade inferior a dezesseis anos no Exército Legal. O alistamento era feito a partir da relação dos alunos matriculados nas escolas; apavorados, os meninos, já aos doze anos, estavam abandonando os colégios.

Luís Manuel de Lima e Silva – o futuro duque de Caxias – respondeu que "só os maiores de dezesseis anos estavam sujeitos ao recrutamento". A situação do precário ensino na província só seria melhorada depois da Paz, assinada em 1º de março de 1845, quando Fernando Gomes já fora estudar no Rio de Janeiro.

Os anos de formação

Desde o primeiro ano na escola pública fundamental, em Porto Alegre, Fernando chamou atenção por sua inteligência e disciplina. A carta escrita por Joaquim Antônio Pereira, professor de primeiras letras no 2º distrito de Porto Alegre, a Francisca Vélez Gomes, quando o aluno tinha doze anos e concluía o curso primário, é uma comprovação.

Illma Snra Dona Francisca Aucta Gomes

Tendo saído plenamente aprovado no exame público a que respondeu o Snr. Fernando Ferreira Gomes, sirva V. Senhoria contá-lo desligado desta Aula por pronto, aceitando nossos elogios que merece por ter um filho que soube aproveitar a instrução que por nós foi-lhe aplicada.

Porto Alegre, 18 de dezembro de 1842.

(a) Joaquim Antônio Pereira

Francisca soube como aproveitar essa carta, fazendo com que o padrinho de batismo do filho, residente no Rio de Janeiro, dela tomasse conhecimento e proporcionasse os recursos para Fernando receber um bom ensino fundamental e a possibilidade de conquistar um diploma de curso superior. Assim, no mês de julho de 1844, aos quatorze anos, Fernando Gomes se despediu da mãe, dos irmãos Chiquinho e Rita e da avó Perpétua e tomou uma pequena embarcação, ancorada junto ao trapiche do Guaíba na praça da Alfândega, rumo a Rio Grande, onde embarcou no navio que o levaria à corte. Fascinou-o viajar por mar, diante dos novos horizontes que se abririam para ele, no Rio de Janeiro, onde receberia o que de melhor havia no Brasil em instrução. É fácil imaginar o deslumbramento do adolescente, saído da cidadezinha de Porto Alegre, ao chegar à capital do Império.

Fernando logo revelou ao padrinho suas qualidades de bom aluno, pois, naquele mesmo ano, completou os estudos preparatórios, com excelentes notas. Em março de 1845, sem a idade mínima exigida por lei, foi preciso uma licença especial para seu ingresso na Real Academia Militar, à qual pertencia, então, a Escola Politécnica. O rapaz sentia-se atraído pelo curso de engenharia, onde aprenderia matemática, então sua matéria preferida.

A Real Academia Militar do Rio de Janeiro era a mais conceituada escola do Segundo Império

Em 1º de março de 1845, Fernando Ferreira Gomes foi admitido na Real Academia Militar, situada no Largo de São Francisco, no Rio de Janeiro. No final do ano, ele escreveu uma carta à mãe, Francisca, datada de 12 de dezembro de 1845. Em sua leitura, percebe-se que o mundo fascinante do conhecimento e das distrações da cidade grande não o deslumbrava a ponto de afrouxar o vínculo com a família que deixara em Porto Alegre.

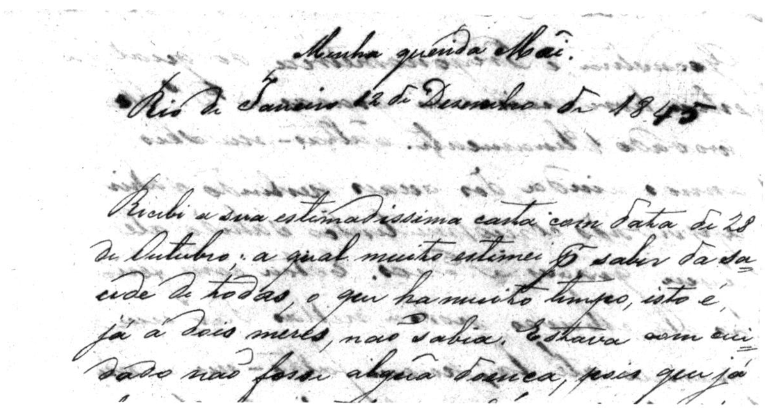

Minha querida Mãe:

Recebi a sua estimadíssima carta com data de 28 de outubro, a qual muito estimei de saber da saúde de todos, o que há muito tempo, isto é já há dois meses, não sabia. Estava com cuidado não fosse alguma doença, pois que já havia duas cartas minhas sem resposta; porém parece-me as viagens demoradas, e não falta de escrever. Vosmecê diz ter escrito a 27 de setembro e justamente o meu tio João participando-me do casamento dele, o que inteiramente ignorava e ignoro com quem foi, pois não recebi a carta, pode ser ainda que receba porém não tenho esperanças, por isso peço-lhe que quando me escrever mande-me contar com quem foi, pois tenho muita vontade de saber. A respeito do Cangica sinto muito pois apesar de ser um pouco desavergonhado o estimava e Deus o permita que fique bom. Meu Padrinho há pouco tempo escreveu.

Participo-lhe que no dia 11 de novembro foi meu exame na Academia Militar do primeiro ano, isto é, Aritmética, Álgebra, Geometria e Trigonometria, do qual já estou livre pois saí graças a Deus aprovado plenamente. Faltam-me seis anos ainda dos quais pretendo sair aprovado como tenho saído até aqui graças a Deus. Estou com férias até março, podia nelas dar um passeio até lá, porém falta-me o principal, que é Dinheiro! Mas espero quando sair oficial que já ganharei para lá ir. O Imperador já lá há de estar, que de festas não haverá! Tenho pena de lá não estar para as cavalhadas que nunca vi.

Recomendações a todos os conhecidos e parentes que por mim perguntarem, em particular aos meus tios José Pedro, Quinca e João. Minha avó receba um abraço bem apertado, Rita, Chiquinho aos que escrevo e Vosmecê recebam o coração saudoso de seu filho que lhe estima

(a) Fernando

N.B.

Vosmecê fará o favor de dar muitas recomendações a minha avó Perpétua e agradeço-lhe de minha parte o doce, que foi muito aplaudido.

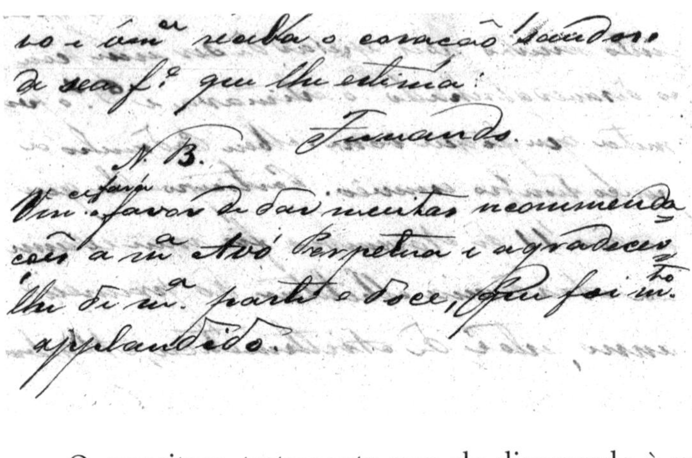
ro e Vm.cê receba o coração saudoso
de seu f.º que lhe estima:
Fernando.
N. B.
Vm.cê fará o favor de dar muitas recommenda-
ções a m.a Avó Perpetua e agradecer-
lhe de m.a parte o doce, que foi m.to
applaudido.

O respeitoso tratamento por ele dispensado à mãe era usual na época, uma forma resumida de Vossa Mercê. O nome do padrinho de batismo de Fernando, já citado na certidão, é Francisco Diogo Vélez, que custeara seus estudos na Real Academia Militar e com quem Fernando morava no Rio. O tenente-coronel Vélez era um homem de posses. Em 1815, ele recebeu uma sesmaria de duas léguas por três léguas – mais ou menos treze mil hectares –, em Capela de Santana, distrito da ilha do Rio dos Sinos, próximo a São Sebastião do Caí. Suas irmãs, Maria Gertrudes e Anastácia Rosa Vélez, foram agraciadas com uma sesmaria menor, na mesma localidade. Os tios aos quais Fernando se refere na carta – Quinca e José Pedro – eram respectivamente irmão e cunhado de seu pai, e João, um amigo e parente afastado.

Na capital imperial, Fernando acompanhava pelos jornais as notícias sobre D. Pedro II e soube que ele chegara a Porto Alegre no dia 11 de novembro de 1845 para cumprir um longo programa que incluía visitas a muitas vilas do interior da província. A cavalhada a que o rapaz tinha vontade de assistir era a representação de uma batalha entre cristãos e mouros pela conquista de uma princesa, com os soldados devidamente caracterizados, submetendo-se a exaustivas provas a cavalo. (Essas cavalhadas, até hoje, são realizadas no Rio Grande do Sul.)

Percebe-se, através da carta de Fernando, a espontaneidade de um menino que ainda não atingira uma redação madura, mas os pensamentos já fluíam ao correr da caneta, interrompidos apenas quando mergulhava a pena no tinteiro. Em pleno século XXI, na era da informática, quando as distâncias são vencidas rapidamente e o tempo das relações se acelera, sente-se uma nostalgia diante dessa correspondência. Resgata-se, na carta, a presença física de alguém do passado muito distante, no seu talhe de letra, no papel com as marcas irregulares de tinta no calcar mais forte da pena nas curvas de algumas letras. Sinal de muito exercício de caligrafia.

Quanto tempo foi preciso para a carta chegar às mãos de Francisca? Três semanas. No verso do papel dobrado ela anotou: "Respondi em 6 de janeiro". Só no final do mesmo mês, Fernando leria a resposta, postada via marítima. Se a mãe guardou outras cartas do filho, preservadas entre as "relíquias" de família, delas nada encontrei.

A presença de Fernando Ferreira Gomes na Real Academia Militar, cujo prédio imponente estava localizado no largo de São Francisco, no centro do Rio de Janeiro, na antiga Sé, ficou registrada no Arquivo Histórico do Exército, entre as fichas dos alunos. Sua filiação, o nome dos avós paternos, a referência a avós maternos incógnitos estão no referido registro. No item "vida escolar" lê-se que, no período de 1º de março de 1845 a 31 de dezembro de 1846, o aluno concluiu o primeiro e o segundo ano da Academia.

De 1847 a 1848 foi desligado do terceiro ano "por moléstias graves" que, pela época, se pode concluir ter sido febre amarela. Ele voltou em 1849, mas foi obrigado a interromper o curso antes dos exames do terceiro ano de engenharia da Escola Politécnica. Nada consta no Arquivo Histórico do Exército sobre essa retirada definitiva, cuja causa mudou o destino que o rapaz estava traçando para si.

Na medida em que evoluía nos estudos e fazia boas amizades, Fernando sentia-se confiante em sua sorte, a ponto de recusar sentar praça como alferes aluno, o que a lei facultava aos discípulos de terceiro ano da Escola Politécnica. Além de aprender idiomas, história e sua matéria preferida, a matemática, Fernando abria seus horizontes a respeito do que ocorria também na Europa.

Ao estudar filosofia, o rapaz tomou conhecimento do empirismo de David Hume e das leis de Newton tratadas nas aulas de física. Através da imprensa, Fernando pode ter lido alguma versão do ecletismo de Victor Cousin e Maine de Biran, então em vigor entre as elites cultas da corte de D. Pedro II, com alguns de seus membros relacionados com professores da Real Academia Militar. O professor Nelson Boeira, um estudioso do comtismo no Rio Grande do Sul, considera mais provável Fernando Gomes ter descoberto a filosofia positivista só nos anos 1870. O futuro mestre gaúcho pode ter aderido, inicialmente, a algum movimento de cientificismo, que pretendia estender os métodos científicos a todos os domínios da vida humana.

Um dos grandes propagadores do positivismo no Brasil foi Benjamim Constant, ingresso na Real Academia Militar do Rio em 1851, portanto dois anos depois da saída de Fernando Gomes. Benjamim aderiu às idéias de Comte e iniciou a difusão do positivismo nas escolas militares brasileiras, a partir de 1857, ano da morte de Augusto Comte, conforme alude Ivan Lins em sua *História do Positivismo no Brasil.* Uma das máximas da nova doutrina é *O poder vem do saber*, abraçada posteriormente por uma geração de políticos gaúchos liderados por Júlio de Castilhos e, a maioria, ex-alunos do professor Fernando Gomes.

Na Escola Politécnica, tudo transcorria favoravelmente para Fernando quando o padrinho morreu repentinamente. O rapaz morava em sua casa, mas, diante da hostilidade manifestada pelo enciumado filho do protetor, foi impelido a se retirar. Sem aquele apoio financeiro, recorreu às casas de estudantes do Rio de Janeiro, por não poder pagar uma pensão.

Sua maior frustração, no entanto, foi ter sido obrigado a deixar a Politécnica. Nessa fase de incertezas, até fome Fernando passou. Simpático e bem-educado, logo inspirava confiança naqueles com quem se relacionava, e a sorte lhe sorriria de novo. Encontrou, no Rio, alguns caixeiros-viajantes gaúchos que o incluíram em seu grupo.

Com eles, Fernando ampliou o mundo fora da Real Academia Militar, à qual estava anexada a escola Politécnica, conheceu a boemia carioca, fez novas relações e freqüentou os teatros de revista. Na companhia dos novos amigos, saía um pouco do centro do Rio, fazendo piqueniques pelas praias.

Fernando se divertia, mas sentiu que estava perdendo tempo. Era momento de decidir sua vida, com vistas à construção do futuro em Porto Alegre. Pensava muito na mãe, que fazia doces sob encomenda, e nos irmãos, que enfrentavam privações. Tomou então providências para arrumar um emprego, juntar dinheiro e voltar para o Rio Grande. Confiante em seus conhecimentos e no dom de ensinar demonstrado na ajuda aos colegas em dificuldades com a matemática, latim e outras matérias, decidiu ser professor. O período de quatro anos no Rio de Janeiro é encerrado. A mesma paixão que moveu Vicente Ferreira Gomes à política direcionou seu filho ao magistério.

A construção da carreira do professor Fernando Gomes não começou, no entanto, no Rio Grande do Sul. O destino favoreceu que ele saísse do Rio de Janeiro para trabalhar por um período de três anos em Vassouras, vila fluminense que iniciava o seu próspero ciclo do café (1850-1900) e expandia o número de estabelecimentos de ensino. Em 1849, conta Inácio Raposo em sua *História de Vassouras*, que além do Colégio Vassourense, havia na vila o colégio de José Luiz Braga e um colégio particular para meninos sob a direção de dona Augusta Carlota dos Santos Brandão. Nas proximidades de Vassouras, em Paty do Alferes e em Sacra Família, estavam localizadas mais duas escolas importantes na época, mas todas bastante modestas em suas instalações. A vila que prosperava carecia de melhores condições de ensino, assunto abordado pelos edis na Câmara no final de 1848.

Com a recomendação de um professor da Real Academia Militar do Rio de Janeiro, Fernando foi aceito para lecionar em um colégio particular da florescente vila no vale do rio Paraíba. O fato de residir na própria escola já simplificaria sua rotina. Ele tinha dezenove anos quando deixou o Rio, pronto para enfrentar a vida.

Pode-se imaginar o impacto que sentiu depois de residir quatro anos na capital do Império quando chegou a Vassouras, promovida a vila no ano de 1833, originária da extinta Paty do Alferes. A viagem do Rio a Vassouras era exaustiva, devido à precariedade da estrada da Polícia, aberta pelos tropeiros na floresta virgem, com quatrocentas léguas que ia de Cuiabá até o Rio de Janeiro, passando por Vassouras. Viajava-se de carreta, e a carga era transportada em parelhas de mulas conduzidas pelos escravos. Muitos viajantes iam a cavalo, acompanhando os comboios.

Representava uma prolongada e penosa viagem que exigia cerca de seis dias para que fosse vencida a distância de pouco mais de cem quilômetros, com pernoite em pousadas. Fernando Gomes, criado em Porto Alegre, não estava habituado com longas jornadas a cavalo. Só o vigor de sua juventude e a curiosidade pela vila que o acolheria reduziram o desconforto daquela maratona, cumprida regularmente pelos viajantes até o final dos anos 1850, quando foi inaugurada a estrada de ferro D. Pedro II atravessando o vale do Paraíba.

Diante da primeira visão de Vassouras, vista ao longe, em meio à bela paisagem dos morros de vegetação tropical, o moço gaúcho sentiu-se recompensado. Estava finalmente chegando e, à medida que vencia a distância, surgiam os cafezais pontuados pelas casas brancas das fazendas de café. Mas, ao entrar na vila de pouco mais de dez mil habitantes, em 1849, Fernando sentiu-se desanimado. Afinal, esperava mais da chamada terra dos barões, pelo número de ricos fazendeiros que ostentavam seus haveres e brasões. Havia até uma relação dessa elite: 23 barões, sete viscondes, uma viscondessa, uma condessa e duas marquesas.

Depois de se instalar no colégio, o moço saiu para dar uma volta na vila, cuja topografia de altos e baixos e o clima ameno, da serra da Mantiqueira, lhe lembraram Porto Alegre. Começou a sentir-se à vontade. Deu a volta pela Praça da Matriz, passando por casas confortáveis com vidraças nas janelas – detalhe raro naquele tempo –, chegando ao chafariz atrás da igreja, lembrança da visita do imperador D. Pedro II em fevereiro de 1848, quando foi hóspede da fazenda de Pedro Correa e Castro. Fernando já chegara sabendo que esse rico e digno fazendeiro era uma pedra rara em meio aos cruéis senhores vassourenses. Basta dizer que mantinha na sua fazenda uma escola para os escravos e uma banda de música.

Antes de sair do Rio, o rapaz se informara sobre algumas particularidades de Vassouras. Assim, quando passou pela casa, sem forma externa de igreja, em cujo interior havia a capela do Senhor dos Passos, reconheceu-a e entrou para ver a imagem do Senhor dos Passos venerada como milagrosa pela população da vila. Os pensamentos então se voltaram para sua devota avó Perpétua, que se ali estivesse não deixaria de fazer uma prece pela boa sorte do neto. Saiu da capela e seguiu caminhando pela vila até chamar-lhe atenção a Casa da Hera, um imponente prédio colonial que refletia o poder econômico dos barões.

Sua grande surpresa foi ver na fachada de uma casa um cartaz anunciando a representação de *Othelo*, de Shakespeare, com os atores Pedro Joaquim e Adelaide Amaral. Alguns meses mais tarde, Fernando ficaria mais admirado ainda com a estréia de uma companhia lírica.

Os vassourenses eram hospitaleiros, e a sociedade gostava de bailes, o que só poderia atrair o jovem recém-chegado, que logo se familiarizou com famílias de nomes importantes como os Almeida Werneck e os Furquim. Essas famílias contratavam no Rio de Janeiro professores de várias disciplinas, inclusive música, para lecionar a seus filhos. A forte presença dos escravos impressionava: 67% da população, isto é, para cada cidadão livre havia dois escravos.

Da movimentada terra dos barões Fernando Gomes guardou as melhores lembranças, grato aos mestres com quem privou no colégio particular, especialmente ao latinista Ludovico Gramático, que fez dele um competente professor de latim.

Dos três anos em Vassouras, restou a Fernando uma mágoa. Convidado pelos pais de um aluno a passar as férias na sua fazenda, ele apaixonou-se pela irmã do amigo, uma menina de treze anos. E nunca a esqueceu. Quando a velhice despontava, no enlevo das recordações, o professor Fernando Gomes a descreveria como "uma linda moça de olhos castanhos, faces rosadas, e longos cabelos cacheados cor de ouro", numa confidência ao jovem discípulo Carlos Maximiliano.

Diante da disparidade econômica em relação à família da menina e do costume local dos casamentos entre parentes e amigos bem aquinhoados pela fortuna, o rapaz não se sentiu à altura de levar adiante suas pretensões. Decidiu deixar Vassouras e voltar para Porto Alegre. Falou com o diretor do colégio, e esse pediu que aguardasse um pouco mais. O estabelecimento seria fechado, e careciam de tempo para amealhar economias e iniciar outro ramo de negócio. Fernando aguardou.

Não foi só o convívio com excelentes mestres que o tornou o homem sociável que foi. Freqüentava as fazendas de café, os casarões de Vassouras, onde viviam pessoas de fino trato, sob influência da corte do Rio de Janeiro e dos salões de Paris. Conheceu também colégios de São João Del Rey e teve a chance de vivenciar, na escola vassourense onde lecionou, a administração de um colégio particular e concluir as possibilidades de sucesso que teria se abrisse um estabelecimento moderno em Porto Alegre, onde o ensino era precário, e os métodos, retrógrados. Com o projeto mentalmente bem desenhado, o professor de 23 anos fez sua bagagem, começando pela seleção dos livros.

Fernando gostava de ler em voz alta para si mesmo. Na poesia de Gonçalves Dias, dava vazão à saudade de passagens de sua própria infância. Os romances de Joaquim Manoel de Macedo o interessavam para leituras em sala de aula, e ele gostava de *A Moreninha*, porque o fazia reviver um passeio à ilha de Paquetá. Incluiu o livro *Juiz de paz na roça*, com o texto de uma das peças de Martins Pena, a que assistira no Rio. Alguns volumes com as capas desgastadas pelo uso eram encaixotados: *Os Lusíadas*, de Camões, a *Eneida*, de Virgílio, e outros clássicos latinos, que o professor Fernando Gomes lia e declamava no original, ilustrando suas apreciadas aulas.

Nas peregrinações pelas livrarias da Rua do Ouvidor, no Rio, comprara *A comédia humana*, de Balzac, e *O vermelho e o negro*, de Stendhal, mais *Os miseráveis*, de Victor Hugo, obras de Lamartine e Chateaubriand, traduzidas e no original, pois o francês era a segunda língua nos meios intelectuais brasileiros. O jovem professor acrescentou também seus cadernos e livros didáticos, nos quais fundamentava as aulas. O Rio de Janeiro era um centro cultural ativo, e havia facilidade de encomendar livros e revistas francesas através das livrarias. De Vassouras, Fernando podia ter feito suas encomendas.

Com essa bagagem intelectual e algumas ricas experiências, como a de manter o seu próprio sustento, Fernando Gomes voltou para a Província do Rio Grande do Sul.

A nova família

Ao chegar a Porto Alegre, em 1854, Fernando Gomes lecionou numa escola particular e trabalhou em um dos dois jornais da capital da província – *O Mercantil* ou *O Conciliador* –, decisão natural, pela facilidade que tinha de escrever. A intimidade com a notícia, entretanto, não o atraía. Calmo, pouco afeito às trepidações de uma redação – ao contrário do seu pai –, preferiu ser revisor. Logo somaria ao magro ordenado os honorários recebidos das aulas particulares, multiplicados pelo número cada vez maior de alunos que o procuravam. Não estava distante o tempo de abrir seu próprio colégio, um negócio rentável na época, quando a província dispunha de poucos estabelecimentos de ensino e o governo facilitava a abertura de escolas privadas, sem lhes cobrar impostos.

Até conseguir erguer o colégio dos seus sonhos, Fernando aceitou o convite de lecionar em uma aula, denominação usada como sinônimo de curso. Eram muitas as aulas na capital da província, havendo professores com aula na própria residência. Foram tempos difíceis, no entanto, pois Porto Alegre enfrentaria uma calamidade pública que, se não atingiu diretamente o jovem professor e sua família, mudou a rotina da cidade.

Porto Alegre tinha quinze mil habitantes, em 1855, quando irrompeu uma epidemia de cólera no Norte do Brasil, chegando mais tarde a Rio Grande, Pelotas e Jaguarão até alcançar a capital em novembro daquele ano, causando 1.405 vítimas fatais, o equivalente a 10% da população da cidade. O médico Luiz da Silva Flores, o dr. Flores, presidente então da Câmara Municipal, instalou uma comissão de higiene para reduzir a propagação e os efeitos do cólera-morbo. A moléstia que percorria o mundo é causada por uma bactéria transmitida pela água e por alimentos contaminados, fenômeno comum em cidades de precária higiene como Porto Alegre, na época anterior a Pasteur. Não havia noção de microbiologia, nem da transmissão da doença por microorganismos. Manifestado por forte diarréia, o mal era atribuído a emanações tóxicas, chamadas miasmas. Ignoravam o perigo de contágio entre as pessoas, bem como o correto tratamento da doença.

Em muitas ruas da capital da província, acendiam-se fogueiras e davam tiros de canhão para eliminar aquelas emanações. Outra medida tomada pela Câmara Municipal foi a de eliminar todos os cães da cidade, enterrados de imediato. (Houve em 1867 um novo surto de cólera, muito mais fraco.) O saneamento iniciado com a instalação da Cia. Hidráulica Porto-Alegrense, que trazia das nascentes do arroio Dilúvio água potável distribuída à população, minimizou a doença. O mal não era contagioso de pessoa a pessoa, mas a vida ficou muito difícil na cidade por longo período.

Fernando Gomes seguia lecionando, e tudo começou a se encaminhar para o rumo certo quando um velho amigo, observando que o moço já estava maduro para ter um colégio próprio e confiante em seu talento e honestidade, ofereceu-lhe um empréstimo. Assim ele pôde abrir a Aula de Instrução Elementar na rua da Praia, 534.

Francisca Vélez Gomes estimulava a carreira do filho, e os dois tiveram uma séria conversa: era chegado o momento de escolher noiva. Antônio Cabral de Mello, amigo da mesma idade que Fernando, tinha uma irmã dois anos mais nova, Maria Angélica. Eles eram filhos do dr. Américo Cabral de Mello, influente advogado falecido em 1850, aos 64 anos, e de dona Bernardina Severiana Cândida da Costa. Os pais de Maria Angélica não eram casados, mas esse detalhe não diminuiu o interesse de Fernando por ela.

Seria um bom casamento, não só pela simpatia da moça e suas muitas qualidades, como pela situação econômica que o casal desfrutaria. Maria Angélica era alta, magra, tinha rosto oval e olhos escuros. Não era bonita. Fernando conversou com Antônio e passou a freqüentar a casa dos irmãos Cabral de Mello, sentindo-se, pouco a pouco, atraído pela noiva. Casamentos de conveniência, arranjados pelos pais – nesse caso foram as duas mães, senhoras sozinhas, que estimularam a união –, era o mais comum naquele tempo. Em geral, davam certo, porque partiam de afinidades entre as famílias, e os jovens envolvidos tinham a mesma educação e valores de vida.

Maria Angélica entrou para sempre na vida do professor Fernando Gomes no dia 23 de maio de 1857, ela aos 25 anos, ele com 27 anos. A mãe da noiva, já muito doente, esteve presente à cerimônia, na Matriz de Nossa Senhora Madre de Deus, a igreja onde se casaram os pais de Fernando. Na filiação de Maria Angélica consta na certidão de casamento apenas o nome de dona Bernardina Cândida da Costa, que morreu meses depois.

Maria Angélica Cabral Gomes, igual à sua sogra Francisca, foi uma recém-nascida exposta. Na sua certidão de batismo lê-se que a deixaram na porta da casa do dr. Américo Cabral de Mello no dia 1º de setembro de 1832. Na margem da certidão, há uma anotação, datada de 12 de maio de 1841 – portanto, nove anos depois –, referente ao reconhecimento da menina como filha e herdeira de dona Bernardina. A partir dessa certidão, de documento em documento, cheguei à história da origem de minha bisavó paterna.

A sogra de Fernando Gomes fez um testamento, em sua residência, ditado por ela, ao advogado João Capistrano de Miranda e Castro, no dia 12 de outubro do mesmo ano do casamento da filha:

Eu, Bernardina Cândida Severiana da Costa, achando-me doente, mas em meu perfeito juízo, passo a fazer meu testamento. Sou filha legítima de José Francisco de Faria e Costa e sua mulher dona Florinda Cândida de Jesus, já falecidos. Tenho vivido no estado de solteira, mas achando-me contratada em casamento com meu primo, o dr. Américo Cabral de Mello, com ele vivi por muitos anos como marido e mulher e, em estas circunstâncias, tive do mesmo dr. os filhos José Cabral de Mello, nascido em 19 de março de 1826, Antônio Cândido Cabral de Mello, em 15 de novembro de 1830, Maria Angélica Cabral de Mello, em 1º de setembro de 1832 – hoje casada com Fernando Ferreira Gomes –, sendo portanto os três meus filhos, embora fossem batizados como expostos do mencionado dr. Américo que, por sua morte, igualmente os reconheceu e habilitou como seus filhos que são, e como meus também, os reconheço e os habilito para que adquiram o que por lei lhes compete [...]

O dr. Américo era solteiro e fica difícil entender por que ele forjou a condição de expostos para os três filhos – José, Antônio e Maria Angélica –, os dois últimos batizados com o nome dos avós paternos. Só reconheceu-os dois dias antes de morrer, em 23 de fevereiro de 1850, na sua casa, vizinha do Solar dos Câmara, na rua da Igreja.

O sogro de Fernando Gomes foi homem de grande prestígio: vice-presidente da província do Rio Grande do Sul, exerceu a presidência em cinco oportunidades de 1830 a 37. Era diplomado em Filosofia pela Universidade de Lisboa e em 16 de setembro de 1817 o bacharel, então residente no largo das Duas Igrejas, nº 8, Bairro Alto, requereu ao rei D. João VI passaporte para regressar à Capitania do Rio Grande, passando pela Bahia e Rio de Janeiro. O atestado de liberação do passaporte está no Arquivo Histórico Ultramarino.

A relação do dr. Américo Cabral de Mello com sua prima Bernardina foi estável. Os dois passando a viver como marido e mulher, assinando um documento de compromisso em cartório, sem casar, como segue sendo feito no século XXI. Dona Bernardina relaciona no testamento seus poucos bens: parte de uma casa na praça da Matriz, uma pequena chácara no Caminho Novo e mais alguns móveis de insignificante valor. E o escravo Josino.

Para se fazer uma idéia do que era a realidade social do Brasil em 1857, chamo atenção para as recomendações de dona Bernardina, ao final do testamento.

Declaro que dei ao pardo Higino, meu escravo nascido em 1838, filho de minha falecida escrava Maria, Carta de Liberdade passada no corrente ano de 1857, com a condição de me acompanhar enquanto eu viva for e dar-me jornal. Quero que meus filhos e herdeiros cumpram aquela Carta de Liberdade por ter eu muita amizade a Higino e tê-lo criado como um filho. Igual recomendação faço em relação ao meu escravo Querino, nascido em 21 de abril de 1845, filho da referida preta Maria, por ter dado ao mesmo a Carta de Liberdade, no dia 31 de dezembro de 1853, com a condição somente de me acompanhar enquanto eu viva for.

Surgia em Porto Alegre, na época, a adesão ao movimento abolicionista, com muitos senhores libertando os escravos. Em grande número de famílias existia afeto por seus cativos e isso fica evidente nas últimas vontades de dona Bernardina. Há expressões empregadas no século XIX que se tornaram ininteligíveis: "dar jornal" é uma delas. Significava alugar o escravo para prestar serviço a outros e receber o pagamento correspondente. Esse foi um rendimento que dona Bernardina não chegou a usufruir do trabalho de Querino, pois ela morreu no dia 13 de novembro, seis dias depois do falecimento de seu filho José, de quem foi herdeira. O inventário só seria concluído, no entanto,

21 anos depois, pelo inventariante, seu filho Antônio Cabral de Mello. A legítima, parte da herança paterna reservada por lei a Maria Angélica Cabral Gomes (como se assinava), foi de cinco contos e novecentos mil-réis.

Dona Bernardina morreu como uma beata, filiada à Irmandade do Santíssimo Sacramento, sediada na catedral, onde os irmãos se reuniam para tratar de assuntos da fé e cuidar do prédio da velha matriz e das procissões. Ela pediu aos filhos que doassem para o altar de Nossa Senhora da Conceição, na igreja matriz, a imagem barroca do Menino Jesus que estava no oratório de sua casa. Pediu ainda para ser enterrada no chão e que mandassem rezar uma missa de corpo presente e outra de sétimo dia.

O dr. Américo Cabral de Mello deve ter tido uma relação conturbada com sua prima Bernardina. Além de não casar com ela, no testamento feito *in extremis*, 27 anos antes da morte da companheira, ele sequer cita o seu nome ao reconhecer os três filhos como únicos herdeiros universais, "havidos de uma pessoa livre e desimpedida". Ele foi um homem rico, filho único do cirurgião-mor Antônio Cabral de Mello e de dona Maria Angélica de Figueiredo, nascida no Rio de Janeiro. Quando o dr. Américo morreu não tinha concluído o inventário do pai, o cirurgião-mor Antônio Cabral de Mello, falecido em 1835 com propriedades em Gravataí e uma fazenda à margem do rio dos Sinos, a do Pinhal.

Com tantas confusões na vida particular, o dr. Américo, diante de várias testemunhas, entre as quais seu primo, o padre Thomé Luis de Souza, encerrou os termos do seu testamento, feito em 6 de março de 1850, pedindo que fossem rezadas seis missas de corpo presente e outras seis no sétimo dia após o falecimento. Temia a justiça de Deus. Maria Angélica Cabral de Mello tinha dezoito anos. Eis a herança:

Um alfinete com brilhante por cem mil-réis.
Um relógio de prata por dez mil-réis.
Oito colheres de prata para sopa por quarenta mil-réis.
Doze facas e garfos com cabo de prata por dezoito mil-réis.
Quatro colheres de dita prata por três mil-réis.
Uma cômoda por dez mil-réis.
Uma colcha de damasco de seda por vinte mil-réis.
O escravo de nome Antônio por um conto e duzentos mil-réis.
O escravo de nome José por quatrocentos mil-réis.
Vinte e cinco palmos de terreno da rua da Igreja, ao lado leste, por um conto e duzentos e cinqüenta mil-réis.
Na dívida do finado Pedro de Azevedo e Souza, quatrocentos e cinqüenta e dois mil cento e seis réis.
Em dinheiro proveniente da venda da Fazenda do Pinhal, seis contos quatrocentos e cinqüenta e dois mil cento e seis réis. 6:452$106 réis

No testamento do dr. Américo, além dos filhos, havia uma forte herdeira citada como sua agregada, quem sabe parente distante. Chamava-se Rita da Conceição e Mello e era jovem, porque o dr. Américo, ao lhe deixar as três casas da rua da Igreja em frente à sua moradia, impunha a condição de ela não vendê-las e os imóveis mais tarde reverterem aos filhos dele e seus descendentes. Essas casas da rua da Igreja, quase em frente ao Solar dos Câmara, retornaram a Antônio e Maria Angélica por morte de Rita ou por uma negociação entre eles. O término do inventário foi muito demorado e, passados muitos anos, Fernando Gomes comprou a parte de seu cunhado Antônio. Em uma dessas casas foi instalado o Colégio Gomes.

O Colégio Gomes

Em 1852, um ano antes de Fernando Gomes voltar de Vassouras para Porto Alegre, havia sido criado o primeiro colégio público de Porto Alegre, o Liceu D. Afonso, num prédio na esquina da rua da Ladeira com a rua da Ponte, onde hoje está a Biblioteca Pública do Estado. Entre as matérias do ensino fundamental estavam incluídos latim, francês, inglês, alemão, aritmética, geometria e trigonometria retilínea. História do Brasil, elementos de geografia, cronologia, retórica, poética, filosofia racional e moral completavam o programa. As aulas começavam as oito da manhã e iam até o meio-dia, também aos sábados.

O sistema de ensino tinha nível medíocre em Porto Alegre, e os castigos corporais eram parte da rotina escolar. O professor Antônio Paraíso Marino, o Tico-Tico, ao abrir sua escola, em 1800, instituiu o suplício dos grãos de milho, fazendo os alunos se ajoelharem em cima de cinco grãos de cada lado. Mas quem deu a maior contribuição para a história dos castigos foi outro português, pela fúria com que tratava os seus discípulos. Chamava-se Antônio de Ávila, apelidado Amansa Burros. Em janeiro de 1800, instalou sua aula na rua da Ponte, perto da Praça da Matriz. Certa vez, ao tomar conhecimento que um grupo de seus alunos tinha matado a pedradas um cágado no lago das redondezas, bateu com palmatória na mão de todos, fossem eles culpados ou não, até deixá-las rubras e inchadas.

"É para vocês aprenderem: quem judia com inofensivos animais só merece um grande castigo", pontificava o Amansa Burros.

Uma dessas vítimas foi Antônio Alves Pereira Coruja, companheiro de Vicente Ferreira Gomes, o pai de Fernando Gomes. Coruja tornou-se um popular professor na sua aula, aberta na rua da Ponte, em 1827. Foram os livros didáticos, entretanto, escritos quando se transferiu para o Rio de Janeiro, que lhe deram fama.

Desde criança, Fernando Gomes ouvira contar a história do Amansa Burros e, ao começar a lecionar em Porto Alegre, deixou também uma palmatória à vista dos alunos. Só para não parecer uma crítica aos colegas que adotavam esse meio de castigo, pois a palmatória nunca foi usada em sala de aula do professor Gomes.

Na rua da Ponte, proximidades da rua da Igreja, concentravam-se os colégios particulares. Um dos mais conhecidos ficava na rua Clara sob a direção do português Antônio Maria do Amaral Ribeiro, que lecionava havia mais de vinte anos na cidade, com uma freqüência média de setenta alunos. Outro português, João Francisco Pereira Gomes, abriu na rua da Ponte, em 1853, na época em que Fernando Gomes projetava seu colégio, uma escola com mais de cem alunos. Nesse período de construção de vida, o jovem Fernando ainda encontrou tempo para se oferecer a alfabetizar gratuitamente um exposto da Santa Casa de Misericórdia, atitude fácil de compreender, levando-se em conta o fato de Francisca, sua mãe, ter sido uma exposta.

Em 1857, se houve a satisfação do casamento com Maria Angélica, em compensação o mês de novembro foi bastante penoso, devido à morte da sogra Bernardina e do cunhado José. Fernando procurava encontrar soluções para transformar sua Aula de Instrução Elementar em um exemplar colégio, incluindo internato para receber alunos do interior da província. O processo foi moroso, porque ainda era preciso acertar detalhes práticos da herança do dr. Américo Cabral de Mello para ocupar as duas casas da rua da Igreja – a menor, de número 183, seria sua moradia, e na de número 185 instalaria o colégio. A instalação do Colégio Gomes, quase em frente ao Solar dos Câmara, ocorreu logo após a entrada dos anos 60 do século XIX, contribuindo para elevar a número de escolas particulares, segundo a estatística levantada em 1866 e apresentada dois anos depois no *Appenso aos Quadros Estatístico e Geographico da Província de S. Pedro do Rio Grande do Sul* :

** Escolas públicas para o sexo masculino, 4, com 513 alunos; para o sexo feminino, 6, com 381 alunas.*
** Escolas particulares para o sexo masculino, 9, com 536 alunos; para o sexo feminino, 7, com 337 alunas.*
** Total de alunos nas escolas de Porto Alegre: 1.049 do sexo masculino e 718 do feminino.*

Em poucos anos, o Colégio Gomes tornou-se reconhecido por seu ensino diferenciado, que fez dele o mais importante da província do Rio Grande do Sul.

Os colégios particulares anunciavam bastante nos jornais da capital durante os meses de novembro e dezembro, quando se realizavam as provas finais e, em janeiro, para a chamada das matrículas de um novo ano letivo, depois das férias de Natal, de 21 a 31 de dezembro. O professor Gomes estava seguro do prestígio que seu colégio desfrutava, e enquanto outros estabelecimentos, como o Colégio Emulação e o Ginásio Rio-Grandense, incluíam o endereço completo nos anúncios, o Colégio Gomes não informava o seu. Na edição do *Jornal do Comércio* de 4/12/1867, lê-se esta chamada:

Collegio Gomes

O director d'este estabelecimento convida em geral as pessoas amantes da instrução e especialmente as interessadas na educação de seus alumnos para assistirem aos exames que terão lugar no mesmo estabelecimento no dia 9, 10 e 11 do corrente das 4 horas da tarde em diante.

Os exames eram públicos, realizados perante um representante da Instrução Pública, órgão da província ao qual as escolas particulares estavam subordinadas. Um ano depois, na edição de 4 de janeiro de 1868, do *Jornal do Comércio*, o Colégio Gomes divulga a relação dos alunos aprovados e comunica a abertura das aulas no dia 9 de janeiro. Os adolescentes despendiam muito tempo com estudo no século XIX: nada das férias longas que se tornariam regra décadas mais tarde.

Ao relacionar os alunos aprovados, o diretor acrescentava o programa de disciplinas cumprido no ensino fundamental. Os alunos estavam na faixa de doze a dezessete anos e ingressavam no Colégio Gomes já alfabetizados, sabendo ler e contar. O latim abria o currículo, considerado matéria básica para o aprendizado da língua portuguesa e para o desenvolvimento do raciocínio exigido pela análise sintática. Daí o destaque dessa língua morta no anúncio com citação dos autores, cujos textos eram lidos e traduzidos em aula.

Aula de latim:

1º ano – Eutrópio (historiador latino do séc. V, autor de uma epístome da história romana) e Quinto Curtio (historiador latino do séc. I, autor de uma história romanesca de Alexandre o Grande).

2º ano – Tito Lívio e Virgílio.

3º ano – Horácio, Tito Lívio, Virgílio e Ovídio.

A escolha desses textos latinos com histórias fascinantes para os alunos adolescentes transformava o aprendizado da difícil língua, com seus casos e declinações, em agradáveis momentos na sala de aula do Colégio Gomes. Faziam parte ainda do programa de matérias francês, inglês, alemão, matemáticas (aritmética e álgebra), geografia, história e cronologia distribuídas nos três anos do curso fundamental.

A seleção dos livros adotados ficava subordinada à Igreja, que, ligada ao Estado, exercia influência sobre o sistema escolar, obrigando o ensino de catecismo e história sagrada. Entre as obras mais utilizadas nas aulas figuravam o novo método de alfabetização de J.I. Roquete, o compêndio da doutrina cristã para leitura, de Becker, e as fábulas de Esopo traduzidas diretamente do grego por Manuel Mendes da Vidigueira.

Antes de expor o clima do convívio no Colégio Gomes, convido o leitor a entrar no prédio da rua da Igreja, que cheguei a conhecer no final dos anos 1930, quando estava alugado por minha avó Yayá à família Leite Serrano. Foi construído para moradia, nas primeiras décadas do século XIX, mas oferecia boas condições de alojar uma escola. O número 185 estava fixado ao lado da porta da rua, que era mantida com os tampos abertos de par em par durante o dia, deixando à vista meia dúzia de degraus até um pequeno vestíbulo com uma porta central que abria para o corredor interno e outra, à esquerda, com acesso direto à sala principal.

Aquele longo corredor, pontuado por uma série de portas de quartos, adaptados para salas de aula, terminava no refeitório, onde havia a escada muito íngreme que conduzia ao sótão, usado como dormitório do internato. Se esse não tinha janelas para a rua da Igreja, em compensação era bem ventilado e recebia luz das aberturas para o quintal e o pátio interno em que a copa verdejante de uma figueira, vista do alto, parecia um tapete.

Prédio na rua da Igreja, onde o Colégio Gomes funcionou no casarão de número 185. A família Gomes residiu na casa de número 183
Foto: Arquivo Atheneu Espírita

A casa reservava algumas surpresas. Além da área interna da figueira, havia mais outra, também de chão batido, quatro degraus abaixo do nível do soalho, com um pequeno vão aberto em forma de arco para um porão escuro. Entrar naquele espaço misterioso não decepcionava os alunos mais curiosos, que descobriam uma série de bolas de ferro de quinze centímetros de diâmetro. Eram balas de canhão, escondidas desde a Guerra dos Farrapos.

Da cozinha, os rapazes saíam para um longo pátio arborizado, passando por uma tosca construção de telhado de uma água, cobrindo quatro pequenas peças com porta e sem janela: a senzala. O terreno se prolongava até a rua do Arvoredo e, na hora do recreio, a gurizada corria em direção ao barranco, descendo até o portão, para dar uma olhada na rua onde tiveram lugar os assassinatos hoje conhecidos como crimes da rua do Arvoredo ou o Caso do Lingüiceiro, entre 1863 e 1864. Os alunos do Colégio Gomes ficaram sabendo quando a polícia descobriu o criminoso: José Ramos, o açougueiro que morava na rua do Arvoredo, na calçada oposta aos fundos da catedral. Com a colaboração de sua amante Catarina Palse, Ramos aproximava-se pelas costas da vítima e dava-lhe um golpe na cabeça para abatê-la a facadas, arrastando o corpo para o porão de sua casa.

O crime deu margem ao falatório na cidade de que o assassino teria produzido lingüiça daqueles restos humanos. É fácil imaginar o horror dos porto-alegrenses que viviam naquele bairro diante da possibilidade de as lingüiças terem chegado às suas mesas. Os mocinhos do Colégio Gomes se apavoraram: comiam feijão com lingüiça diariamente. Muito tem sido escrito sobre os crimes da rua do Arvoredo. O dr. Sebastião Leão fez um artigo no *Correio do Povo*, anos depois; Aquiles Porto Alegre deixou a crônica: *As lingüiças de carne de gente*. A história macabra tem impressionado gerações de porto-alegrenses. E livros surgiram: o romancista Luiz Antônio de Assis Brasil publicou em 1985 *Os cães da província*; Décio Freitas escreveu depois *O maior crime da Terra* e, em 2004, David Coimbra lançou *Canibais*, baseado em personagens reais envolvidos no crime que passou a fazer parte do folclore de Porto Alegre.

Pairava no colégio da rua da Igreja um ambiente fraternal em que o respeito pelo diretor não significava distanciamento no convívio. Biografias de homens ilustres do Rio Grande do Sul, que contribuíram para o desenvolvimento político-cultural do nosso Estado, do final do século XIX até a metade do século passado, referiam-se ao Colégio Gomes, agradecendo a formação ética e cultural ali recebida, que acabava influindo no caminho que escolheram na vida. No colégio, com curso secundário, eles fizeram os preparatórios para ingressar nas faculdades do Rio e São Paulo, já que ainda não existiam em Porto Alegre.

Impressiona na correspondência de ex-alunos do professor Fernando Gomes e em seus livros de memórias a unanimidade dos sentimentos de amizade e admiração pelo mestre. O dr. Protásio Alves, que fundou a Faculdade de Medicina de Porto Alegre, em 1898, com um grupo de médicos e farmacêuticos do qual fazia parte outro ex-aluno do Colégio Gomes, João Daudt Filho, recorda saudosamente, em uma de suas últimas cartas, datada de 1932, alguns colegas, então ainda vivos: Joaquim Francisco de Assis Brasil, Eurico de Andrade Neves, Barros Cassal, Ernesto Alves de Oliveira e Emílio Emiliano Gomes, o filho do professor.

Quando na década de 1870 o positivismo de Augusto Comte começou a ser difundido no Rio Grande do Sul, Fernando Gomes tornou-se seu entusiasta seguidor. O Colégio Gomes se transformou em um dos centros de propagação das novas idéias, onde professores e estudantes discutiam os pilares da doutrina comtista. Para os positivistas, com exceção da matemática, as leis científicas resultam da observação metódica da experiência, e não de suposições teológicas. A Igreja Católica que até então exercia influência dominante, controlando o ensino e os livros didáticos, era considerada uma barreira para o desenvolvimento do pensamento científico.

Não é de se admirar que tantos jovens daquela época se sentissem atraídos por uma cultura laica e agnóstica. Essa influência chegou à família de Fernando Gomes, até a terceira geração. Seus netos, inclusive meu pai, não tinham preocupação com a existência de um ser superior. Eles compareciam socialmente à igreja, com o maior respeito, considerando que a fé é puro sentimento, sem nada a ver com a razão. Já as mulheres sempre foram dotadas da fé religiosa.

As discussões filosóficas nas salas de aula do professor Fernando Gomes, alimentadas pela leitura de revistas francesas com artigos sobre positivismo, causaram um impacto decisivo na geração de J.F. Assis Brasil, Borges de Medeiros e Júlio de Castilhos. Este, ao ingressar na Faculdade de Direito de São Paulo, em 1877, já conhecia, ainda que superficialmente, os ideais positivistas, graças à semente plantada no Colégio Gomes.

Antes de ser eleito Presidente do Estado, em 14 de julho de 1891, Castilhos elaborou o projeto constitucional fundamentado no positivismo, e que passaria a influir até na arquitetura de Porto Alegre, nos prédios construídos entre 1889 e 1930, segundo estudo realizado pelo Programa de Pesquisa e Pós-Graduação em Arquitetura da UFRGS, para a exposição comemorativa ao sesquicentenário da morte de Augusto Comte, realizada no Memorial do Rio Grande do Sul.

Um aluno inesquecível

Júlio Prates de Castilhos (1860-1903), futuro Presidente do Estado do Rio Grande do Sul, foi um adolescente brilhante. O líder republicano sempre mencionou o papel importante que o professor Fernando Gomes exerceu em sua formação, preparando-o ao exercício da carreira política. Vamos acompanhar o menino até chegar ao colégio da rua da Igreja. Júlio era filho de Francisco Ferreira de Castilhos e de dona Carolina Prates de Castilhos. Nasceu em 29 de junho de 1860, na Fazenda da Reserva, da Freguesia de São Martinho, mais tarde Vila Rica (hoje Júlio de Castilhos). Ele tinha oito irmãos e perdeu o pai – muito mais velho que sua mãe –, antes de completar onze anos.

Como Fernando Gomes, Júlio de Castilhos era muito ligado à mãe, mas, ao contrário do professor, usufruiu o bem-estar de uma família rica. Quem lhe ensinou as primeiras letras, na fazenda, foi Francisca Carolina Wellington, mulher de um professor inglês, que, em 1869, abriu um colégio particular em Santa Maria, onde Júlio concluiu o primário.

Aos treze anos, o rapazinho veio estudar no Colégio Gomes como interno. Muito inteligente e aplicado, tinha grande dificuldade, porém, de se comunicar verbalmente: era gago. O professor Gomes, diante do silêncio da classe, enquanto aguardava Júlio concluir uma frase, dava-lhe mais tempo. Ao se aperceber do sofrimento do menino e do quanto forçava as cordas vocais para articular as palavras, determinou que fizesse as provas por escrito, certo de que revelaria seus conhecimentos com estilo brilhante.

Júlio de Castilhos mocinho, na fase dos preparativos para ingressar na Faculdade de Direito de São Paulo

O filho de dona Carolina foi um aluno popular, líder e parceiro nas brincadeiras dos colegas, que o apelidaram de Pato, porque espalhava água para todos os lados quando lavava o rosto e caminhava gingando como um pato. No mês de abril de 1875, Júlio deixou a grande família do Colégio Gomes muito aflita ao contrair a varíola.

O menino ficou à morte, tendo à sua cabeceira Maria Angélica Cabral Gomes, mulher do professor Gomes, que morava na casa geminada ao colégio e cuidou dele com dedicação de mãe, segundo testemunho dos colegas. O próprio Júlio nunca esqueceu esse episódio de sua adolescência, que lhe deixou no rosto as marcas de varíola para sempre.

Existe uma carta dessa fase, escrita por Francisco José de Almeida, o sócio português do comendador Antônio Chaves Barcellos, na empresa Chaves & Almeida, responsável por Júlio no Colégio Gomes. O relacionamento com a família Castilhos datava do tempo em que a Chaves & Almeida fornecia tecidos para o armazém de propriedade de Francisco Ferreira de Castilhos, próximo à fazenda da Reserva. Outro motivo que impeliu dona Carolina de Castilhos a colocar o filho aos cuidados da Chaves & Almeida em Porto Alegre foi o fato de o comendador Chaves Barcellos ser vizinho do colégio, residindo numa mansão adquirida em 1863, ao lado da residência dos Gomes. Vale a pena conhecer esta carta:

Porto Alegre, 16 de abril de 1875

Exma. Sra. Dona Carolina Prates de Castilhos

Reserva

Prezada Sra.

A presente tem por fim levar ao conhecimento de V. Excia. que seu digno filho Julio tem estado com as bexigas, mas felizmente está fora de perigo.

Seu estado chegou a ser bem melindroso porque se ia complicando com tifo.

Causava admiração como no colégio não tinha havido um único caso de varíola, e quando já ninguém pensava nela, caíram 5 a 6 estudantes. Uma pessoa nossa está efetivamente com ele para que nada lhe falte. Sentindo dar-lhe esta notícia, estimamos ao mesmo tempo, em dar-lha nestes termos porque podia ser pior.

Nosso sócio Chaves, de passagem para a Europa, esteve em Santa Catarina com sua digna filha e genro, o qual demonstrou ser perfeito cavalheiro.

Suas respeitáveis ordens serão sempre recebidas com prazer por quem se firma

D.V.Escia

Atencioso amigo obrigada

(a) Chaves & Almeida.

Superada a doença, Júlio voltou à vida normal. No mês de novembro daquele ano, os alunos internos no Colégio Gomes começaram os preparativos para as férias. Júlio escreveu uma carta para dona Carolina Castilhos em que já revela a vocação para o comando. Desde menino, sabia como pedir para ser atendido: exigia. (Ao final da carta, Júlio se refere a Cássia e Cecília, suas irmãs.

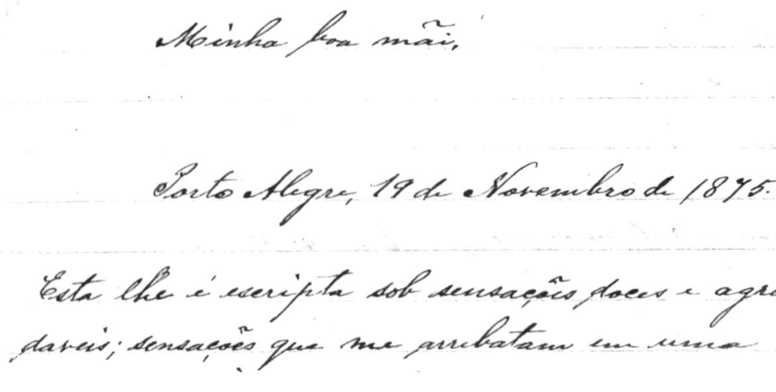
Minha boa mãi,
Porto Alegre, 19 de Novembro de 1875.
Esta lhe é escripta sob sensações doces e agra=
daveis; sensações que me arrebatam em uma

Minha boa mãe,

Porto Alegre, 19 de novembro de 1875.

Esta lhe é escrita sob sensações doces e agradáveis; sensações que me arrebatam em uma torrente de imenso júbilo que me torna completamente satisfeito. Mas será só por causa disso? Por certo que não. É porque tenho consciência que satisfaço plenamente os seus mais ardentes desejos. Mas é preciso que eu lhe diga a causa de tão grande satisfação e é o que eu vou lhe dizer! Fiz o meu primeiro exame e estou nele aprovado plenamente.

Mas por isso não julgue vosmecê que eu tenha a plena certeza de sair aprovado nas outras matérias de que tenho de fazer exame.

Não. Os exames estão sendo muito apertados, apertadíssimos. Os examinadores estão implacáveis. No exame que já fiz, entraram também colegas meus habilitadíssimos, e no entanto saíram reprovados. Digo-lhe isto para que vosmecê não se surpreenda se por acaso eu for tão infeliz que sair reprovado, não julgue se tal acontecer, que foi vadiação minha.

Daqui a 4 dias pouco mais ou menos eu farei o meu segundo exame, e lhe participarei o resultado dele.

Passo a responder sua carta de 24 de outubro. Nela vosmecê dá-me licença que lhe pedi de ir passar as férias, pedido esse que vosmecê não devia deixar de satisfazê-lo. A condução deve se achar na Cachoeira no dia 8 ou 10 de dezembro mais ou menos.

Vou concluir, porque como já lhe disse, estou estudando com coragem para breve fazer meu segundo exame.

Seu filho do coração

(a) Julio Prates de Castilhos

P.S.

Um abraço à Cássia e Cecília.

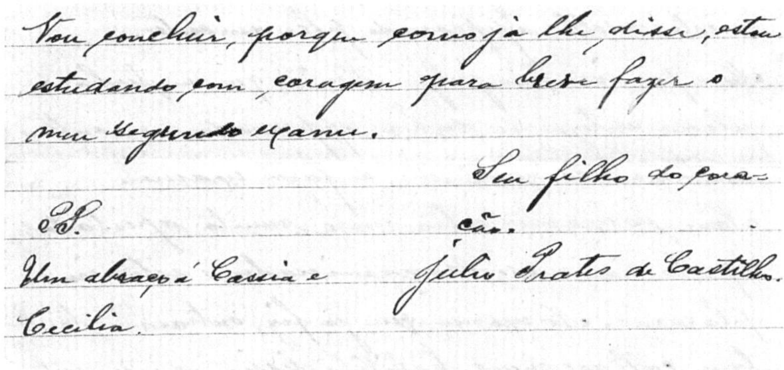

Vou concluir, porque como já lhe disse, estou estudando com coragem para breve fazer o meu segundo exame.

Seu filho do coração.

P.S.

Um abraço á Cassia e Cecilia.

Julio Prates de Castilhos.

Fernando Gomes, além de administrar o seu colégio, lecionava em outras escolas e participava de bancas examinadoras. Também o solicitavam a dar pareceres sobre livros didáticos e, a esse propósito, encontrei entre seus documentos o final de um rascunho a lápis de uma carta ao autor do livro *Problemas de Geometria*, cujo nome não aparece. A resposta revela o traço franco do seu caráter e o temperamento avesso a provocar querelas entre colegas. Mas sua educação impedia-o de deixar uma carta sem atenção:

Eu estava disposto a aproveitar as férias da Semana Santa para examinar com vagar a sua obra, atendendo seu pedido. Soube ontem que diversos lentes da Escola Normal já emitiram parecer sobre o seu livro, sendo-lhe contrário. Como me dou com eles e não desejo de modo algum pôr-me em oposição a eles, resolvi não me envolver na questão.

A pedido do Conselho Diretor de Instrução Pública, o professor Gomes deu também seu parecer à publicação do *Compêndio de Geografia da Província de São Pedro*, de autoria do professor Eudoro Brasileiro Berlink, contribuindo para seu respeitável currículo profissional. Eis uma síntese do parecer aprovado em sessão do conselho com data de 16 de fevereiro de 1863, justificando a recomendação favorável:

Quer pela importância do assunto, visto não haver obras que mereçam plena confiança, como pela clareza de fraseado, o compêndio é recomendável e prestará serviço à instrução estendendo-se a outras províncias do Império.

O ano de 1875 foi marcante para o diretor do Colégio Gomes, que comemorou seu 45º aniversário. Parecia mais velho, por ser corpulento, com uma estatura em torno de 1m75cm, e um semblante austero. Com um ritmo acelerado de vida e o modo apaixonado como exercia o magistério, pouco cuidava de si e ignorava horários para as refeições. De caminhar pesado, calçava folgados sapatos que logo ficavam com a ponta virada para cima. A proximidade do mestre era anunciada não só pelo rumor dos passos como pelo cheiro do charuto, um hamburguês produzido por uma fábrica de alemães estabelecidos na Bahia.

Mas o homem tinha lá suas vaidades: abotoava apenas o primeiro botão do paletó, junto ao pescoço, e colecionava bengalas com cabo de prata. O pincenê, óculos sem hastes, fixado ao nariz por uma mola entre as duas lentes, ele mantinha suspenso no botão do colete, para recorrer a qualquer momento em que precisasse ler. Independentemente da hora e do local, usava cartola. Cheguei a vê-la em uma gaveta da minha avó. Era uma "claque", cartola com molas que permitia que se fechasse a copa alta, deixando-a plana e fácil de guardar. O professor não dispensava o relógio de algibeira preso à grossa corrente de ouro enfiada na terceira casa do colete, com uma medalha pendente. Na parte interna da casa uma haste de ouro, em sentido horizontal, prendia a corrente, e o relógio ficava dentro de um bolsinho do colete. Jóias de ouro faziam parte da indumentária masculina.

Observando-o superficialmente, era difícil imaginar a vivacidade de Fernando Gomes ao falar do púlpito de professor, cativando os alunos pela sólida cultura e o humor que inseria nas explicações. Preocupava-se em despertar nas mentes jovens a curiosidade e a alegria de avançar por novos caminhos do saber. Receptivo aos questionamentos dos seus meninos fora da classe, acabava confidente e conselheiro deles.

Entendia que a verdadeira educação é um processo integrado, abrangendo a ética e a filosofia de vida inspirada no respeito mútuo e na liberdade de pensamento. Ele irradiou entre os alunos seu ideal republicano e abolicionista, movido pela teoria positivista de Augusto Comte.

A esse perfil, formado pelas pesquisas feitas nos livros, documentos e fotos, acrescento a apreciação do ex-aluno João Daudt Filho, natural de São Leopoldo, farmacêutico e importante comerciante radicado no Rio de Janeiro. Do livro de suas *Memórias*, em edição custeada pelo próprio Daudt e publicada no Rio em 1936, destaco um trecho:

O professor Fernando Gomes era um grande educador. Sua figura austera e, ao mesmo tempo, cheia de bondade, impunha o respeito e a veneração dos alunos. Um "psiu", com o gesto imperativo do dedo indicador para cima, era suficiente para os rapazes ficarem quietos. Tolerante e bondoso, dava paternais conselhos de modo aos faltosos calarem e mudarem de ânimo. Era profundo conhecedor de línguas – português, latim, inglês e francês –, bem como de matemática, geografia e cosmografia. Se faltasse um professor, ele o substituía com clareza e erudição.

A Praça da Matriz em 1877. O chafariz cercado de grades, diante da igreja Nossa Senhora da Madre de Deus, e o palácio do Governo. Fotografia de Luiz Tarragno

O mestre porto-alegrense adotava métodos didáticos próprios, procurando ilustrar os ensinamentos com exemplos concretos, às vezes de forma ingênua, como na aula de geometria no espaço, quando ele modelava figuras geométricas em pedaços de sabão, quase como um brinquedo, que o tornava mais próximo dos alunos adolescentes. Melhores ainda eram as aulas de cosmografia, administradas em noites de céu estrelado. Mestre e alunos saíam a pé do colégio da rua da Igreja, a meia quadra da Praça da Matriz (D. Pedro II), pelo mesmo lado dos prédios da Assembléia, do palácio do Governo, da igreja matriz e da capela do Espírito Santo, em direção ao largo ainda sem arborização.

Ao chegar ao centro da praça, o professor Gomes sempre fazia os meninos voltarem-se para a igreja matriz e olhar o par de torres idênticas. E chamava atenção para um detalhe: "Quando meus pais casaram nesta matriz, em 1826, uma torre era bem mais baixa que a outra. Elas foram emparelhadas durante o governo de Caxias, ainda durante a Guerra dos Farrapos".

Na praça havia um chafariz ornado de estátuas de figuras humanas, simbolizando os rios Caí, Gravataí, Jacuí, Sinos e o Guaíba. Esse chafariz cercado por grades de ferro ficava próximo ao lugar onde hoje se encontra o monumento a Júlio de Castilhos, em frente ao Theatro São Pedro. Quatro das estátuas foram transferidas para a praça da Conceição, na avenida Independência. A que representava o Guaíba desapareceu.

Favorecido pela débil luz dos lampiões da Praça da Matriz, o professor Gomes dava sua aula, apontando para o céu cravejado de estrelas, que pareciam então maiores e mais próximas. A gurizada ficava com dor no pescoço, de tanto olhar para cima, enquanto o mestre dava os nomes, indicava a posição dos corpos celestes e descrevia as constelações. Cruzeiro do Sul era a preferida. Ele aproveitava a ocasião para lembrar os navegantes portugueses orientados pelas estrelas, fazendo grandes viagens com seus meninos que adoravam aquele imponente capitão que mais parecia um contador de histórias.

A praça, como coração da cidade de Porto Alegre, atraía grande atenção dos alunos do Colégio Gomes, quando ali eram realizadas demonstrações militares. Durante a Guerra do Paraguai, entre 1865 e 70, reuniam-se no largo os Voluntários da Pátria, grupo organizado e instruído pelo general Lima e Silva, formado por empregados do comércio, funcionários públicos e estudantes cheios de entusiasmo para combater o tirano Solano Lopez.

O 33º Batalhão de Voluntários da Pátria seguiu para o Paraguai dia 14 de agosto de 1865, os soldados de farda preta, detalhes vermelhos e dourados, chapéu de aba virada para cima, meio ladeado. Havia fardas mais bonitas ainda, como as da Cavalaria, os uniformes cobertos por ponchos cor de canela e capas pretas, gerando uma visão que exaltava o espírito cívico dos estudantes. Os meninos do Colégio Gomes participavam da admiração aos Voluntários.

Há alunos que são mais lembrados pelo que se tornaram na vida; outros ficam na memória dos colegas por suas excentricidades. Miguel de Werna e Bilstein, contemporâneo de Júlio de Castilhos, marcou por sua beleza. Werna encantava as moças. Não resistia passar diante de um espelho sem um olhar de satisfação, e os colegas troçavam que o seu narcisismo se estendia à própria sombra.

Aquiles Porto Alegre dedica uma crônica ao Adonis porto-alegrense dos anos 1870, que se trajava impecavelmente, usando roupas ajustadas, gravatas vistosas com enormes laçarotes e chapéu-coco.Werna faltava muito às aulas e, como o pai nunca o contrariava, fazia o que bem o quisesse. Monarquista por convicção, não se sentia bem no meio daquela legião de republicanos. Tinha até medo de abrir a boca. As poucas aulas de português a que assistiu muito o ajudariam quando, mais tarde, fundou seu jornal caricato, *O Século*.

Ninguém imaginaria no Colégio Gomes que o relapso aluno Miguel de Werna se tornasse um chefe de redação, com capacidade de fazer um jornal tão temido por suas charges como foi *O Século*, de primorosa feição gráfica. Werna contou com a colaboração de artistas como Araújo Guerra e Inácio Weingartner, que desenhavam nas capas de *O Século* o perfil de homenageados. A primeira página da edição de 17 de abril de 1881 estampava Félix da Cunha, publicista, literato e parlamentar de grande prestígio.

Das lembranças dos ex-alunos do Colégio Gomes faziam parte as brigas que, vez que outra, surgiam entre os guris. O fato de Fernando Gomes não se preocupar em mandar fazer livros de seus textos – há referência só ao *Tratado da Divisibilidade dos Números* – obrigava os alunos a anotar detalhadamente as aulas. João Daudt Filho era dos mais cuidadosos. Teve o azar de um colega, o Costela, furtar suas apostilas. Quando foi até a casa dele, na rua Santa Catarina, exigir o caderno de volta, recebeu um golpe de espada, e saiu, prometendo revanche. Filho de um conhecido médico porto-alegrense, Costela só reapareceu no colégio após uma semana, devolvendo as apostilas. À saída da aula noturna, fingiu fazer as pazes com Daudt e ao aproximar-se deu um corte de bisturi no seu pescoço. Diante da torcida da rapaziada, na calçada da rua da Igreja, recebeu a merecida sova e a briga foi apartada pelos professores que saíam do colégio àquela hora.

Um dos fatores que davam prestígio ao Colégio Gomes eram os excelentes professores. O vice-diretor, durante muitos anos, foi Vasco de Araújo e Silva, professor de matemática, militar por formação, com curso na Academia Militar do Rio de Janeiro, que abandonou o exército devido a grave enfermidade. O professor Vasco escreveu um compêndio de gramática e um livro de geografia do Rio de Grande do Sul, adotado nos colégios da província. A despeito de ter sido um prestigiado professor em Porto Alegre, acabou a vida pobre, em 1895.

Antônio Cabral de Mello, o cunhado de Fernando Gomes, seu sócio e colaborador, desde a Aula de Instrução Elementar, na rua da Praia, nasceu no sítio de seus pais – dr. Américo Cabral de Mello e dona Bernardina da Costa – em Gravataí. Muito paciente, lecionava francês nas classes mais atrasadas do Colégio Gomes. Era alto e magérrimo e andava sempre de roupa preta e chapéu de copa alta, como se fosse a uma cerimônia. Ele morava na rua da Ponte, num sobradinho atrás da igreja das Dores, com um terreno arborizado aos fundos que cuidava com o maior esmero. Solteirão bisonho, não acatou o conselho do cunhado Fernando para que se casasse. Aquiles Porto Alegre, seu ex-aluno, dedica-lhe uma crônica no livro *Palavras ao vento*, mas não menciona que o professor Cabral viveu amasiado com uma moça de cor negra, com quem teve filhos, reconhecidos ao final de sua vida, repetindo o que fez o dr. Américo, seu pai. Em 1894, aos 64 anos, Américo Cabral abriu uma aula na rua da Ponte, 139, quando o cunhado já estava muito doente.

Uma figura exponencial no ensino do Rio Grande do Sul foi o professor Bibiano de Almeida, filólogo, latinista, poeta, humorista e autor de uma gramática de português adotada nas escolas. Era uma das luminárias do Colégio Gomes e grande amigo de Fernando. Havia também professoras no colégio. Uma das mais conhecidas era dona Marinha, professora pública aposentada, filha do sapateiro Victor Pinto Vieira. Ao lado de dona Marinha, lecionava dona Virgília Rezende, incumbidas as duas do ensino primário.

Jean Charles Henri Moré, nascido na França e condecorado com a Ordem da Rosa em 1871, foi o professor de francês que orientou a leitura de textos no original para os alunos, familiarizando-os com autores que pregavam as teorias positivistas.

O fato de Fernando Gomes ser membro da *Sociedade Partenon Literário*, fundada em Porto Alegre, em 1868, o ano da Batalha de Humaitá, no auge da Guerra do Paraguai, repercutiu entre os alunos. O historiador Athos Damasceno Ferreira registra que o *Partenon Literário* foi uma tribuna para aprimorar a oratória e colocar à disposição de seus associados uma biblioteca focada nos temas de seus estudos – Filosofia, História e Literatura – e uma revista de circulação mensal, com 28 a 32 páginas. Entre os 72 membros da sociedade, figuravam Apolinário Porto Alegre, Hilário Ribeiro, Caldre e Fião, Múcio Teixeira, José de Sá Brito e Carlos von Koseritz. Além de serem republicanos, os membros do *Partenon Literário* faziam forte campanha para a abolição da escravatura.

Havia oito mulheres na sociedade, pois a emancipação feminina era uma das suas bandeiras. Luciana de Abreu, um exemplo de força de vontade e idealismo, que venceu sua condição de exposta na roda da Santa Casa e tornou-se uma respeitada mestra e grande oradora, fazia parte do *Partenon Literário*, sociedade que, por um período de dezessete anos, movimentou a cultura do Rio Grande do Sul.

Também no Colégio Gomes, o *Partenon* repercutiu, estimulando a criação da *Sociedade Fraternidade Escolástica*, o grêmio dos alunos da escola secundária que, em julho de 1875, lançou a revista mensal *Aurora Literária*. O folheto – vinte por doze centímetros – publicado com "a autorização do ilustrado diretor do colégio" era guarnecido com uma sobrecapa de papel gessado amarelo. A assinatura mensal custava quinhentos réis. Entre os alunos que assinavam colaborações ficaram registrados Joaquim Francisco de Assis Brasil, Júlio de Castilhos, Amaro da Silveira, Arthur Candal, Sílvio Rangel, José Gomes Corrêa, Mendonça Lima e outros que se tornaram grandes destaques da política, do magistério, da diplomacia e do mundo dos negócios no Brasil.

O lema do primeiro número da revista mensal *Aurora Literária* foi *O mundo marcha*, título do ensaio do escritor Eugène Pellettan (1813-1884), jornalista, literato e político seguidor da doutrina de Comte. Eis um dos trechos publicados:

O mundo marcha... repetimos nós. Quando sobre os destroços dos prejuízos que caem sobre a eça da ignorância que agoniza, sobre o pó do barbarismo que passou, a civilização lucífera banha o mundo em ondas de fulgurante luz; a mocidade ergue-se inspirada e, ao ressoar cadencioso da indústria, beija o manto da ciência e prosterna-se ante o altar das letras, implorando, fervorosa, mais luz.

E o século XIX escoa-se, espadanando uma miríade de chispas, e a ignorância agoniza, os prejuízos caem e o barbarismo morre [...] A verdade brilha e a juventude mergulha a fronte, inspirada na luz meridiana de seus raios! E a Pátria marcha e, com ela, seus filhos que se alistam voluntários entusiastas na cruzada gloriosa do engrandecimento.

O mundo marcha! Repetimos ainda, tudo progresso [...] Aqueles que como nós amamos as letras e partilhamos as crenças da mocidade não desprezarão por certo a nossa oferenda e hão de acolher benévolos a Aurora Literária e a eloqüente frase de Palletton é o nosso mais legítimo programa.

Júlio de Castilhos escreveu a crônica principal do primeiro número da revista dos alunos do Colégio Gomes, expondo suas idéias políticas. Tinha quinze anos. Em tom de discurso, o futuro líder político incita os estudantes contemporâneos a contribuir com "nossa pedrinha" para o progresso do Brasil, para que nossa terra atingisse o patamar das grandes nações. Os dois parágrafos, a seguir, destacados daquele texto, revelam o adolescente enérgico que se tornaria um grande líder no Rio Grande do Sul:

Do combate ingente e renhido que se travou entre a ignorância e a intrução, esta surgirá triunfante e resplandente de luz [...] De um lado é o povo que sacode o manto de apatia e de indiferença para tratar do bem da Pátria; é o povo que despedaça os vínculos do obscurantismo para só pensar no futuro grandioso e risonho que há de despontar para a majestosa terra de Santa Cruz; é o povo que se convenceu de que a lei do progresso é inevitável.

De outro lado, é o entusiasmo que palpita frementе no seio da mocidade estudiosa e esperançosa, é a mocidade que se convenceu do lugar proeminente e distinto que a Providência destinou para a Pátria ocupar no seio do mundo civilizado; é a mocidade que sente borbulhar-lhe no peito impetuosa a chama ardente do patriotismo; é, enfim, a sua avidez pela luz que é a vida e o seu desprezo às trevas que são a – morte!

Ainda que o tema político predominasse na *Aurora Literária*, a poesia era bastante apreciada, sendo publicados, no pri-

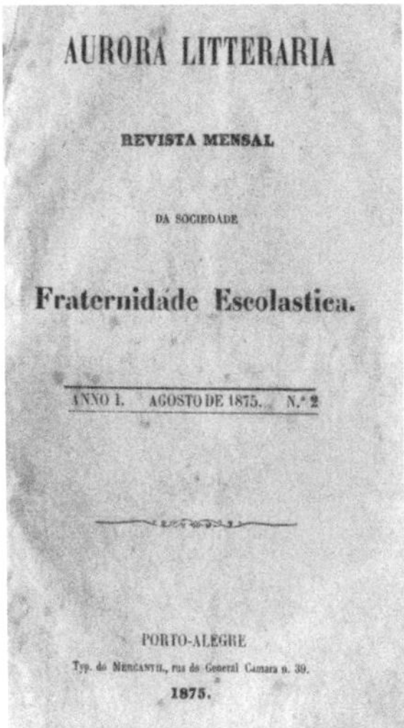
AURORA LITTERARIA

REVISTA MENSAL

DA SOCIEDADE

Fraternidade Escolastica.

ANNO I. AGOSTO DE 1875. N.º 2

PORTO-ALEGRE

Typ. do Mercantil, rua do General Camara n. 39.

1875.

Acervo Instituto Histórico e Geográfico do RS

meiro número, os poemas *Tu dormes*, de Sílvio Rangel, e *A perda do primeiro amor*, de Arthur Candal, como uma confissão das inquietudes da sua adolescência. A apresentação da estréia da *Aurora Literária*, escrita pelo aluno José Amaro da Silveira, expressa com arrebatamento os ideais da juventude em torno do regime republicano, que não tardaria a vigorar no Brasil, e do avanço da tecnologia. Os termos são rebuscados, expressando pensamentos juvenis, influenciados por aquela ideologia.

No segundo número da *Aurora Literária*, impresso em agosto, há um poema assinado por Joaquim Francisco de Assis Brasil, que terminava os preparatórios no Colégio Gomes para entrar na Faculdade de Direito de São Paulo. Nascido em São Gabriel, na estância de São Gonçalo, em 1857, J.F. Assis Brasil ficou órfão de pai e foi estudar em Pelotas, onde freqüentou por dois anos o Colégio Taveira Júnior. Ele veio para o Colégio Gomes em 1874, e tinha dezessete anos quando fez o poema em memória de Manuel Marques de Souza, o conde de Porto Alegre, falecido poucos dias antes, em 18 de julho. Assis Brasil, político, diplomata e fazendeiro – um homem que se dividiu "entre o livro e o arado" – foi um moço arrebatado. A primeira das nove estrofes do seu poema juvenil bem o demonstra:

Curva a fronte, Brasil, innunda em pranto
Do general o busto sacrossanto,
Que a noite arrebatou!
Desgrenhada, ó Pátria, e reverente,
Beija o lastro de luz aurifulgente,
Que o bravo aqui deixou!

Nas discussões da *Sociedade Fraternidade Escolástica*, o grêmio dos alunos do Colégio Gomes, a exemplo do que ocorria no *Partenon Literário*, havia uma preocupação com a parte formal das atitudes em sociedade, as boas maneiras. Natural esse cuidado, na fase em que os mocinhos se iniciavam na vida social.

O código do bom-tom, de J.I. Roquete, um clérigo português que viveu em Paris, autor de livros didáticos adotados no Brasil, era lido pelos rapazes. O comportamento nos bailes interessava aos alunos do Colégio Gomes, que consideravam fúteis outras recomendações de J.J. Roquete. Selecionavam aquilo que os ajudava a causar boa impressão nas moças:

Não valses nunca sem luvas brancas, e tem cuidado de segurar a senhora pela cintura e nunca pelas pregas do vestido; não chegues ao teu peito senão sua mão e nunca o seu corpo. Lembra-te que um homem bem-criado parece ter receio de tocar o vestido de uma dama, quando lhe quer mostrar a maior afeição por ela.

O colégio da rua da Igreja foi para Fernando Gomes uma extensão de sua família, e os alunos eram sensíveis a esse aconchego. A proximidade da residência facilitava a presença de sua mulher Maria Angélica: era só sair de uma porta e entrar na outra ao lado. Ela supervisionava a alimentação dos meninos do internato e orientava o preparo dos pratos, principalmente os doces de frutas da estação, que ferviam em grandes tachos de cobre sobre braseiros no pátio. Quando cheiros de goiaba, maçã e pêssego envolviam as salas de aula mais próximas do terreno, a gurizada ficava com água na boca e ia conferir as marmeladas em caixetas de madeira que ficavam ao sol, protegidas por filó branco.

No verão de 1876, pensando que fazia mais de vinte anos que ele estava envolvido com as canseiras dos problemas inerentes à administração de um colégio – primeiro com a Aula de Instrução Elementar na rua da Ponte e depois o Colégio Gomes –, Fernando achou que estava na hora de desfrutar de liberdade para ministrar um maior número de aulas e ganhar mais. As despesas com a família aumentavam à medida que os filhos se tornavam adultos. Yayá, a caçula, ia completar dez anos no mês de abril. Doía-lhe fechar totalmente o Colégio Gomes, quando relembrava momentos inesquecíveis, como a despedida de Graciano de Azambuja, um de seus brilhantes alunos, que terminou os preparatórios e deixou Porto Alegre em 1861 para ingressar na Faculdade de Direito de São Paulo.

Sentado no pátio dos fundos da residência, no final de uma tarde de domingo, com o olhar perdido na bela visão do Guaíba, para os lados da Praia de Belas, o mestre tentava recordar os versos de despedida que ele cometera cerca de quinze anos antes. A memória só o socorreu na última estrofe, sua mensagem de vida a Graciano.

Não temas ser um réu perante o mundo
Se perante a razão não fores réu.
Que as glórias materiais ficam na terra,
E as glórias da razão chegam ao céu.

Mudança de vida

Quando Fernando Gomes falou em casa da sua decisão de reduzir as atividades do Colégio Gomes, Maria Angélica gostou da idéia. Ele pensava fechar o internato e o curso secundário e ficar apenas com o ensino primário. Sua mulher sugeriu uma troca de casa: a família iria para o casarão, e o colégio passava ao espaço menor da residência anexa onde moraram até então. Mas o professor Gomes achou que a tal mudança ficaria para mais tarde. Aos 47 anos, ele continuava um homem forte, e a nova logística de vida lhe daria possibilidade de conviver mais com os filhos, compensando os anos que esteve muito ausente do lar.

O casal teve cinco filhos, mas perdeu dois recém-nascidos. A escolha do nome da primogênita, Maria das Dores, nascida em 1858 – um ano após a morte da sua sofrida avó materna Bernardina –, foi de Francisca Vélez Gomes, confiando a neta à proteção de Nossa Senhora das Dores.

Como bom latinista e professor de história universal, Fernando Gomes chamou o filho nascido em 1861 de Emílio Emiliano – Aemilius Aemilianus –, nome de imperadores romanos. Mas houve outra razão para essa escolha: Emílio é o personagem central do romance pedagógico *Da educação*, de Jean-Jacques Rousseau. Nele o autor personaliza sua teoria: o ser humano nasce puro, sujeito a perverter-se pelo ambiente e a educação, mas capaz de aprimorar seus dotes naturais. Batizando o filho de Emílio Emiliano, o professor pensou no modelo ideal, que opta pelo uso do seu poder para o bem.

Emílio Emiliano Gomes era muito ligado ao pai. Como seu aluno, compartilhava com os colegas a admiração e o afeto por ele, sentimentos que fortaleceram a relação entre os dois. Quando conheci, ainda menina, as filhas de meu tio-avô Emílio Gomes, no Rio, esse já havia morrido. Sua família demonstrava pelo avô Fernando, de Porto Alegre, o maior respeito e admiração, graças às descrições de Emílio sobre sua vida de professor brilhante que concebia a educação como um processo de formação integral para a vida.

Maria Angélica Cabral Gomes e sua filha Maria Olívia

Maria Olívia, apelidada de Yayá desde que nasceu, em 1866, entrava na adolescência quando o pai reduziu o Colégio Gomes. Emílio tinha quinze anos, e Maria das Dores – a Mariquinhas –, completaria vinte anos. A residência geminada ao colégio se tornara pequena. Os Gomes eram sociáveis, recebiam muitas visitas e sabiam cultivar o relacionamento com os parentes e os amigos. Não eram ricos, mas tinham prestígio.

Receber com classe era natural naquela família de hábitos simples, numa casa com muitas porcelanas e pratarias à vista. Os doces de Maria Angélica, preparados com receitas portuguesas, acrescentavam brilho à sua boa mesa. Às visitas que chegavam depois do jantar, a mulher do professor tratava de acordo com a tradição portuguesa, servindo chá com pão-de-ló, bolinhos ou biscoitos que podiam ter nomes engraçados como "Desmamados do céu", preparados com farinha de arroz, leite e ovos. Quando o relógio da sala batia dez horas era o sinal para as despedidas.

O bandolim fazia parte da vida social e tocá-lo era privilégio dos rapazes. Emílio Emiliano não fugiu à regra e recebeu aulas do instrumento de quatro cordas, decorado com incrustações de madrepérola, semelhante ao alaúde dos jograis. Cheguei a ver esse bandolim, como enfeite, na sala de minha avó Yayá, e sabia que meu pai – seu filho Hugo – aprendera música dedilhando suas cordas, em serenatas na rua da Igreja.

No final dos anos 1870, quem passasse pela rua da Igreja, às noites de sábados e domingos, podia ver, pelas janelas de algumas mansões, jovens pares dançando, em pleno sarau. Ocupava lugar destacado na sala da casa dos Gomes um piano gabinete, com as velas nos candelabros de bronze para iluminar as partituras. O instrumento, diariamente manuseado pelas moças da família, era ocupado nessas ocasiões por um músico contratado para tocar polcas, francesas, havaneiras, *schottischs* e valsas.

Para refrescar os jovens, entre uma e outra marca – uma dança – eram oferecidos refrescos de morango, abacaxi e uva, em xaropes concentrados feitos em casa, diluídos na água, e copos d'água em bandejas de prata. Foi um tempo em que a alta burguesia porto-alegrense consumia a água mineral De Vals, que vinha engarrafada da França, e era vendida com exclusividade pela drogaria Franco Brasileira, na rua da Praia, 174. De paladar agradável, a De Vals era servida também misturada com vinho. Mas a água importada da Europa tinha também efeitos medicinais, por conter sais minerais especiais, segundo anúncios da Franco Brasileira no jornal A Reforma.

Fernando proporcionou uma boa educação para as duas filhas. Deduzir que a grande maioria das mulheres no século XIX era ignorante, pela dependência machista em que viviam, é exagero, ainda que as primeiras décadas do século tenham sido desanimadoras. Em 1840, o Regimento para Escolas de Instrução Primária recomendava às escolas públicas "ensinar às meninas o quanto basta a uma mãe de família". Mas houve uma evolução considerável dos colégios femininos particulares de Porto Alegre revelada em seus anúncios nos jornais.

Na edição do Jornal do Comércio de 29 de dezembro de 1867, o Colégio Minerva, localizado à rua de Bragança, 120, informava que no dia 14 daquele mês tinham sido realizados exames e exercícios das alunas, em ato presidido pelo bispo diocesano. Foram examinadores: o arcedíago (sacerdote com autoridade sobre os párocos de sua diocese) Vicente Zeferino Dias Lopes, os professores Francisco de Paula Soares e Fernando Ferreira Gomes. As meninas fizeram provas de leitura em prosa e verso, caligrafia, aritmética, geografia física e política e doutrina cristã.

Cada uma das examinandas, ao final das provas, declamou "com primor e sentimento" poemas de Gonçalves de Magalhães, Gonçalves Dias e trechos da prosa de Camilo Castelo Branco e Soares de Passos. Na classificação final de ano, os melhores trabalhos de agulha foram de dona Guilhermina Marins Soares e dona Amélia Gomes Viana, autoras respectivamente de um quadro e uma almofada de veludo. (O tratamento dona, dispensado às mocinhas, denotava boa origem e era de bom-tom no século XIX.)

O Colégio Santa Isabel, que funcionava na rua da Igreja, 187, no casarão ao lado do Colégio Gomes – imóvel pertencente também à herança do dr. Américo Cabral de Mello, o sogro de Fernando – era dirigido pela professora Ponciana Guterres da Silva. Incluía alunas internas, meio-pensionistas e externas que, ao concluir seus estudos, escreviam português corretamente e falavam o francês. No anúncio do recomeço das aulas dia 7 de janeiro de 1868, na mesma edição de dezembro de 1867 do Jornal do Comércio, são relacionados os trabalhos manuais que as meninas aprendiam: costura, bordado de ponto de cruz no fio, bordado branco e crivo, contas sobre vidro e papel, flores de cera, de lã com canutilho e de seda frouxa. Crochê, tricô e tapeçaria.

Considerava-se o magistério a profissão ideal para a mulher. D. Maria Teltcher anunciou no Jornal do Comércio, em edição de dezembro de 1868, o reinício das aulas do Colégio de Meninas, à rua Nova 26, no dia 9 de janeiro, enfatizando que "...a diretora dispensa cuidados maternais para com as alunas do internato". A professora Teltcher preparava moças para serem prendadas esposas e mães de família, ensinando-lhes disciplinas variadas: geografia, história, cronologia, cosmografia e mitologia, português, francês, alemão, inglês e italiano. Aprender piano, canto, pintura, dança e bordados fazia parte da formação de uma moça bem-educada.

A Escola Normal aberta em 1869, a princípio, foi mista. Dava aos alunos o preparo pedagógico que os habilitava a exercer o magistério no ensino primário. Mas havia diferença no tratamento entre rapazes e moças. Na Escola Normal, instalada em um anexo do Liceu D. Afonso (mais tarde Ateneu Rio-Grandense) na esquina da rua da Igreja com a Bragança (onde hoje está o Colégio Sevigné), os meninos entravam pela porta principal; as meninas pela lateral, dirigindo-se para salas de aula separadas. O diretor que deu as diretrizes de ensino à

Escola Normal foi o padre Joaquim Cacique de Barros, um sacerdote baiano de rara cultura.

Luciana de Abreu foi a mais ilustre das normalistas, ingressando na Escola Normal em 1873. A escola seguia um artigo estabelecido pelo Conselho de Instrução Pública, determinando que aritmética mais avançada e álgebra só seriam ensinadas aos rapazes. Em seu lugar, as meninas aprenderiam trabalhos manuais.

O professor Fernando Gomes lecionava não só no Colégio Minerva como também em outras escolas femininas e participava das bancas examinadoras de final de ano letivo. Ele não pensou em dar às duas filhas formação para o magistério, mas um bom nível de instrução suficiente para torná-las mulheres esclarecidas.

Maria Olívia Gomes (Yayá) com 16 anos

Sua filha Yayá estudou no Colégio Aplicação, dirigido pela normalista Joaquina de Natividade Cotta. Quando eu fiz a primeira comunhão, minha avó me presenteou com seu pequeno livro de reza, tendo na capa de madrepérola o entalhe da figura de Santa Teresinha. Marcando as páginas das orações preferidas, encontrei santinhos e, em um deles, foi escrito com tinta roxa: "Prêmio por seu trabalho e aplicação – Cotta".

Antes de tomar a decisão final de reduzir sua escola, Fernando teve uma longa conversa com o professor José Teodoro de Souza Lobo, um bom amigo que lecionava português, francês, latim e matemática elementar e superior no Colégio Gomes. Souza Lobo comentara que estava se preparando para abrir um colégio e já tinha escolhido um prédio na rua da Ponte. Propôs logo que o amigo Fernando Gomes lecionasse no curso secundário, somando assim prestígio para o novo estabelecimento. Nessa conversa entre os dois, Fernando fez as contas das suas despesas com o internato e os alunos sem recursos que ele recebia sem cobrar e concluiu que a mudança só lhe traria vantagens. Os professores do curso secundário do Colégio Gomes seriam convidados também a trabalhar no Souza Lobo, dando continuidade à excelência de ensino.

Fernando estava animado. Tudo daria certo, pois tinha muitas afinidades com o colega, a começar pela formação: Souza Lobo também estudara na Real Academia Militar do Rio de Janeiro. O ano de 1876 transcorreu, portanto, em meio aos preparativos. Na edição de 24 de dezembro de 1876, o jornal *A Reforma* publica uma carta aberta de Fernando Gomes.

Collegio Gomes

O diretor deste colégio faz público que, por incômodos de família, necessita de descanso depois de uma lida trabalhosa de 20 anos, resolvendo fechar o seu estabelecimento de instrução primária e secundária no fim deste ano.

A causa é uma satisfação devida ao público e, em particular às pessoas que sempre honraram o colégio com sua confiança. Uma prova exuberante desta é a maioria dos alunos que acabam de concorrer aos exames de preparatórios na delegacia de instrução pública da corte.

Declara, por último, que se retirando da vida laboriosa que exige o internato e um curso completo de estudos preparatórios, como mantinha, não deixa de continuar no magistério: um curso de instrução primária, dirigido pelo anunciante, substituirá o colégio que ora se fecha. Nas horas vagas, dará, além disso, o abaixo-assinado, lições particulares de preparatórios. Em anúncio especial serão dadas as condições para a admissão no novo curso.

Porto Alegre, 23 de dezembro de 1876.

(a) Fernando Ferreira Gomes

"Incômodos de família", a expressão por ele empregada no início da carta, é sujeita a interpretações. Nunca ouvi minha avó Yayá comentar doenças de sua mãe ou de seus irmãos ocorridas naquela época. A hipótese mais provável é que Fernando quisesse aumentar seus recursos para adquirir a parte do cunhado Antônio Cabral de Mello, da herança de seu pai dividida com a irmã Maria Angélica Cabral Gomes. Antônio foi sócio do cunhado no Colégio Gomes, onde lecionava no primário. Quando meu bisavô Gomes morreu, em 1896, deixou três imóveis na rua da Igreja: as casas de números 187 e 183 (que estavam alugadas quando ele faleceu) e a de número 185, onde passou a residir nos anos 80 do século XIX.

O pequeno anúncio da nova fase do Colégio Gomes, feito em *A Reforma* e outros jornais, de dezembro de 1876 a 1883, tinha esse enunciado:

Collegio Gomes
Instrução Primária
As aulas deste colégio começarão de novo a funcionar no dia 15 de janeiro do corrente ano

Na edição de 24/12/1876 o jornal *A Reforma* apresenta matéria editorial sobre o Colégio Souza Lobo, que seria instalado em Porto Alegre em 15 de janeiro de 1877, da qual destaco o trecho com a citação do Colégio Gomes.

Não podemos deixar de recomendar o Colégio Souza Lobo a toda a província como um dos melhores e mais capazes de satisfazer o preparo dos seus alunos nos preparatórios para os cursos acadêmicos. O diretor, sr. Souza Lobo, provecto, ativo e habilíssimo professor, reúne todas as condições desejáveis para elevar o seu estabelecimento ao pé em que sempre esteve o Colégio Gomes, ao qual pode dizer-se que venha a substituir.

Fernando Gomes deu a prova maior de confiança ao colégio recém-aberto pelo amigo Souza Lobo ao levar consigo, além de muitos alunos do Colégio Gomes, seu filho Emílio para completar os preparatórios para entrar na Faculdade de Medicina do Rio de Janeiro. No primeiro ano de funcionamento do colégio Souza Lobo, na rua da Ponte, o professor lecionou geografia, álgebra e geometria, e o filho estava entre seus alunos nas classes de geometria e álgebra.

Antônio Augusto Borges de Medeiros foi um dos alunos do Colégio Gomes transferido para o Souza Lobo. Nascido em Caçapava, Borges tinha dezesseis anos quando veio de Cachoeira para estudar em Porto Alegre, pois nada mais havia para aprender com seus professores particulares Nathaniel Cunha e Antônio Paranhos de Macedo. Ele foi um menino quase esquelético e retraído. Era muito inteligente, reconhecido ainda por sua prodigiosa memória. Os colegas, cientes que Borges detestava violência, levaram-no para assistir a uma rinha de galos, quando tinha pouco mais de dez anos. Ao ter início a rinha o menino fechou os olhos e baixou a cabeça, conforme relata Barbosa Lessa na biografia sobre o líder político que comandaria o Rio Grande do Sul por 25 anos. Ele não podia ver sangue.

No anúncio publicado pelo colégio Souza Lobo em *A Reforma*, de 17/12/1880, Antônio Augusto Borges de Medeiros é aprovado com distinção nas disciplinas de Geografia, ministrada pelo professor Fernando Gomes; de História, sob a responsabilidade do professor Apeles Porto Alegre, e Aritmética, cujo professor era o próprio diretor do colégio, José Teodoro Souza Lobo. Por esses resultados, percebe-se as áreas de conhecimento preferidas de Borges aos dezessete anos. Seu pai Augusto César de Medeiros, um pernambucano juiz de direito, fez questão que o filho estudasse Direito. Terminados os preparatórios no Souza Lobo, o jovem ingressou na Faculdade de Direito de São Paulo, mas concluiu o bacharelado na Faculdade de Direito de Recife.

O professor Souza Lobo manteve seu colégio até 1888, quando foi nomeado professor catedrático da Escola Normal, época em que Fernando Gomes já sentia as primeiras manifestações de sua doença, entre elas graves problemas de visão.

Além dos espetáculos teatrais, Porto Alegre propiciava encontros casuais nas horas de lazer de professores e alunos. Um dos divertimentos era proporcionado pelas temporadas da Companhia Tauromáchica Portuguesa, que instalava sua praça de touros no campo próximo onde é hoje a Faculdade de Engenharia. A companhia era dirigida pelo "exímio" bandarilho Francisco Pontes, conforme consta no anúncio feito na edição do jornal *O Século*, data de 29 de maio de 1881. Vale lembrar que na tourada lusitana o touro não é morto, como é tradição na Espanha, mas seus bandarilhos se apresentam com toda a pompa e a elegância. Francisco Pontes era adorado em Porto Alegre por sua maestria e coragem. Sabia agregar atrações e sempre arranjava um gaúcho corajoso para participar da tourada, trajado com a pompa que a circunstância exigia. Só que na hora da entrada do touro eles saíam correndo. As touradas eram aos domingos, às "quatro da tarde". Não se usava o horário na seqüência das 24 horas do dia.

Os professores de Porto Alegre mantinham uma boa camaradagem, e os estrangeiros aqui estabelecidos se entrosavam bem com os colegas. Um deles, o inglês Frederich Fitzgerald, trabalhou durante longo período dando aulas particulares de ciências e línguas e, mais tarde, abriu uma escola na rua da Praia. Tornou-se conhecido por sua Gramática Teórica e Prática da Língua Inglesa, adotada pela maioria dos colégios de Porto Alegre até os anos 40 do século XIX. O livro era o resultado de doze anos de trabalho do autor em diferentes escolas: Byron House School, em Earling, próximo de Londres, o Colégio Inglês e o Luso-Brasileiro de Lisboa, e os principais colégios de Porto Alegre, tendo chegado a diretor do Ginásio São Pedro, no final do século XX. Fitzgerald escreveu ainda um livro de leitura com anotações e fez um dicionário inglês-português, ambos bem aceitos.

Outro estrangeiro que se destacou no magistério porto-alegrense, daquele tempo, foi o francês Jean Pierre Henri Duplan, que começou trabalhando no Liceu União, de Rio Grande. Lecionou no Ginásio São Pedro e no Colégio Gomes e acabou como diretor da Biblioteca Pública. Por pouco tempo: morreu aos 37 anos.

Ao observar as fotos de Fernando Gomes, com sua fisionomia austera, custa imaginar o homem alegre que os companheiros conheciam, bem-humorado e difícil de se zangar. Às quintas-feiras, "à boca da noite", professores de diferentes faixas etárias – alguns depois das aulas nos cursos noturnos – se encontravam para jantar no restaurante Gruta Recreativa, na rua de Bragança, quase em frente à rua Nova. Do grupo faziam parte, na descrição do cronista Aquiles Porto Alegre, "os quatro luzeiros do magistério: Fernando Gomes, Bibiano de Almeida, Souza Lobo e Jean Pierre Henri Duplan", este último dezoito anos mais novo que Fernando.

O proprietário do restaurante Gruta Recreativa era o espanhol Manoel Vasques, homem de cara fechada que queria por clientela "só gente fina" e bem vestida. Sua mulher, uma gaúcha descendente de franceses, ao contrário de Vasques, estava sempre de bom humor e acolhia os clientes com simpatia. A maioria dos freqüentadores da Gruta vinha direto dos espetáculos do Theatro São Pedro e da Philarmonica ou das *soirées* dançantes da Sociedade Bailante, ao lado do Theatro. O restaurante era ponto de encontro daqueles que participavam da vida cultural e social de Porto Alegre. Alguns não jantavam, mas "seu" Vasques não se importava que só tomassem chocolate quente com pão-de-ló e ficassem prosando até sentir sono e pagar a conta.

Era o tempo do *Parthenon Literário*, incentivo às discussões sobre poesia e literatura. Os homens reunidos na Gruta Recreativa não se detinham apenas em temas culturais. Comentavam as últimas anedotas da cidade, incluindo as conquistas das cantoras estrangeiras que chegavam para a temporada lírica no Theatro São Pedro.

O menu da mesa dos professores era escolhido por Souza Lobo, que ia à cozinha preparar a salada de batatas, prato no qual era mestre. Aquiles Porto Alegre, ex-aluno de Fernando Gomes, descreve-o na atmosfera do restaurante:

> *Depois do café, Fernando Gomes acendia fino charuto hamburguês, quebrando, de vez e vez, a cinza na quina da mesa, ouvindo Souza Lobo contar, entre boas risadas, anedotas que aprendera como seminarista. Enquanto essa constelação radiosa de professores, a um canto, se divertia na doce intimidade de bons amigos, ao fundo do salão, um terceto – piano, violino e flauta – executava diversas peças, entre elas a valsa* O Danúbio Azul, *de Strauss.*

O professor Gomes adorava a mocidade. O interesse pelos seus alunos ia além da sala de aula. Os rapazes seguiam vinculados ao amigo e conselheiro ao qual permitiam que interferisse em sua vida pessoal. Como fez com o futuro deputado Álvaro Baptista. Concluído os preparatórios no Colégio Gomes em

1875 e, sem recursos para estudar no Rio, o rapaz fez curso de agrimensura na Escola Militar de Porto Alegre e retornou a São Borja, para trabalhar e ajudar o pai a educar os irmãos.

Ao saber dessa decisão, Fernando Gomes insistiu em que Álvaro Baptista fosse para o Rio, proporcionando-lhe os meios financeiros para seu sustento enquanto não conseguisse trabalho. O rapaz deu aulas particulares, até se empregar como revisor no jornal *O Globo*, onde se encontrou com Quintino Bocaiúva. Poucos meses depois, o jornal fechou. Fervoroso republicano e abolicionista, Álvaro fundou, no Rio, com os gaúchos José Amaro da Silveira, Protásio Alves e outros, o Clube Republicano 20 de Setembro.

Gravemente enfermo, viu-se obrigado a voltar para São Borja. Lá abriu com o irmão, Homero Baptista, um clube abolicionista, onde fez conferências em benefício da libertação de escravos da região e contribuiu para antecipar a proclamação da Abolição da Escravatura. Em 1884, não havia mais escravos naquelas paragens da província.

Álvaro Baptista correspondeu às expectativas do mestre: formou-se em medicina no Rio de Janeiro, em 1882, e veio exercer a profissão em São Borja. Ele sentia forte atração pela política e não titubeou em aceitar anos mais tarde o convite do governador Carlos Barbosa Gonçalves para ser seu secretário dos Negócios da Fazenda. E o médico de São Borja iria adiante: elegeu-se primeiro deputado estadual e depois federal, em 1915.

O aluno dileto do professor Gomes foi Carlos Maximiliano Pereira dos Santos, nascido em São Jerônimo, em 1873. Existiu desde o início uma grande afinidade entre eles. Ambos superaram traumas de uma infância de privações. A família de Maximiliano viveu uma grande tragédia: sete dos nove filhos de Acelino Carmo e Rita de Cássia Pereira dos Santos morreram de peste, no mesmo dia. Sobreviveram Eduardo Emiliano e Carlos Maximiliano.

Acelino Pereira dos Santos era professor de latim e português, e seus nove filhos, inclusive as meninas, receberam nomes romanos. Ele morreu ainda moço e sua viúva teve de internar os dois filhos num orfanato para trabalhar numa casa de família como costureira. Maximiliano veio estudar em Porto Alegre no colégio do Seminário Episcopal fundado pelo bispo D. Sebastião Dias Laranjeira, em 1879.

Foi no seminário, nas salas de aula do imponente palácio mandado construir pelo bispo Laranjeira, aos fundos da Catedral, que Maximiliano conheceu o professor Fernando Gomes – primus inter pares (primeiro entre os pares) – fazendo parte do corpo docente selecionado pelo bispo entre os mais conceituados professores de Porto Alegre. Dali Maximiliano foi para o Colégio Gomes. Quando manifestou desejo de seguir a carreira de advogado, Eduardo Emiliano, um pouco mais velho que o irmão, prometeu custear seus estudos universitários. E assim aconteceu.

Carlos Maximiliano (sentado) tinha treze anos quando foi fotografado com Eduardo, seu irmão mais velho, em Porto Alegre, no Ateliê Iglesias

Maximiliano e Fernando Gomes mantiveram correspondência depois que o jovem foi estudar na Faculdade de Direito de São Paulo. Ele se tornou um homem de grande projeção. Foi ministro do governo do presidente Wenceslau Brás e ministro do Supremo Tribunal Federal no governo de Getúlio Vargas. Mas Maximiliano, acima de tudo, marca sua biografia como grande jurista, autor de muitos livros que seguem consultados nas bibliotecas jurídicas do Brasil. O principal é *Hermenêutica e aplicação do Direito*, uma obra clássica do estudo da interpretação das leis. Um dos livros ele dedicou ao professor Fernando Ferreira Gomes.

O mestre já estava muito doente quando Maximiliano quis dar-lhe uma prova de respeito e afeto, ciente do interesse que ainda mantinha vivo pelos ex-alunos que estudavam para conquistar o que ele não pudera: o diploma de curso superior. Com data de 27 de novembro de 1895, ele escreveu-lhe uma carta de São Paulo, contando os mínimos detalhes de uma prova que fizera na Faculdade do Largo de São Francisco.

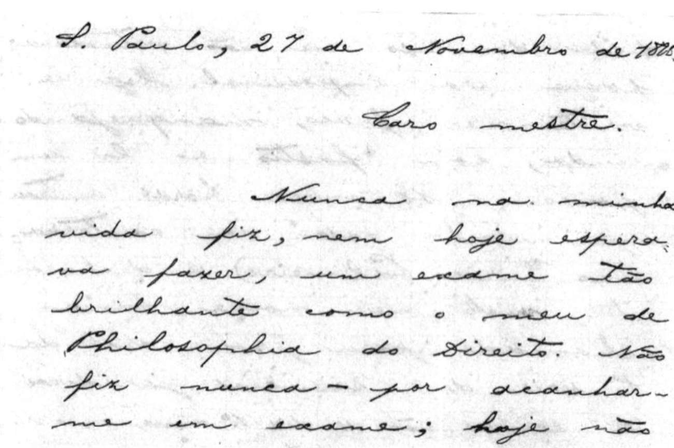
S. Paulo, 27 de Novembro de 1895,

Caro mestre.

Nunca na minha vida fiz, nem hoje esperava fazer, um exame tão brilhante como o meu de Philosophia do Direito. Não fiz nunca – por acanhar-me em exame; hoje não

Em 27 de novembro de 1895
Caro mestre.

Nunca na minha vida fiz um exame tão brilhante como o de Filosofia do Direito. Não o fiz assim por acanhar-me em exames; hoje não esperava fazer pelas razões que exponho. Atacado de reumatismo, sábado (23), apanhei umidade no domingo, devido ao

clima variável de São Paulo. Estava um dia lindíssimo, fui a um arrabalde e, duas horas depois, enegreceu o firmamento, tomei um bond logo, mas apanhei chuva ao desembarcar. Em conseqüência disto, fiquei de cama, curtindo horríveis dores na segunda e na terça-feira. (Muito bem se portou a colônia rio-grandense: veio quase toda me visitar, inclusive o nosso patrício Dr. Severino, que quis levar-me para a sua residência.)

Desde domingo eu não estudava, porque era impossível. Hoje, levantei-me fraco, mancando ainda, com fastio, e li um pouco. Às onze horas entrou em minha casa um conterrâneo (Eurico Palmeiro) e declarou ter visto meu nome numa chamada para prova oral da primeira série de ciências jurídicas e sociais. Vesti-me às pressas e fui à academia, sendo ali informado que os candidatos a entrar na quinta-feira seriam chamados hoje (quarta). Entrei, pois, nervosamente, sem ter estudado.

A cadeira de Direito Constitucional, em raros pontos, prestase para brilharetos. Talvez, tendo isto em consideração, é a de Filosofia do Direito que decide a altura da nota. Em Filosofia do Direito caiu-me um bom ponto para quem é spencerista (como eu): direitos fundamentais e direitos adquiridos. O lente (Dr. Pedro Lessa) pediu que expusesse a distinção entre direitos fundamentais e adquiridos e declarasse se era ou não aceitável a denominação de direitos inatos, dada aos primeiros.

Comecei com a voz trêmula. Pouco a pouco ela se foi tornando firme e mais alta e, finalmente, reboava na sala. Quando, depois de analisar e refutar a opinião dos teólogos e racionalistas sobre o célebre direito natural, expliquei a existência deste como um fruto da adaptação e da hereditariedade, comparando a sociedade atual com a dos Fiudjianos, Fuegianos, Vendhes, Esquimaus e outros selvagens, provei, entusiasmado, a doutrina spenceriana sobre as outras, em se tratando de direitos fundamentais.

O lente exclamou: "Muito bem! Muito bem! Estou muito satisfeito".

Creio que tenho sido, como o Sr. me pediu, bastante minu-

cioso na descrição de meus exames. Queira apresentar os meus respeitos à sua Exma. família e abraçar

Este discípulo que muito o estima,

(a) Carlos Maximiliano

P.S. Não me estendo mais para poder ir a carta nas malas que se fecham hoje.

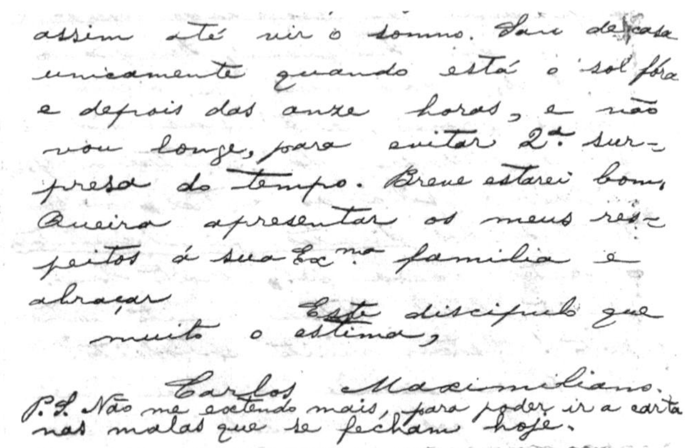
assim até vir o somno. Saio de casa unicamente quando está o sol fóra e depois das onze horas, e não vou longe, para evitar 2ª surpresa do tempo. Breve estarei bom. Queira apresentar os meus respeitos á sua Exma. familia e abraçar
Este discipulo que muito o estima,
Carlos Maximiliano.
P.S. Não me estendo mais, para poder ir a carta nas malas que se fecham hoje.

A explicação detalhada sobre as provas, a menção de Herbert Spencer, filósofo inglês que desenvolveu a teoria evolucionista, revela a cultura de Fernando Gomes a ponto de acompanhar o nível dos estudos superiores de Maximiliano. Ficou guardada por minha avó, na caixa de documentos de seu pai, outra carta de Carlos Maximiliano, com o relato da história de amor que ele estava vivendo. Surpreendente para nós em pleno século XXI, que um moço de mais de vinte anos prestasse satisfações a um ex-professor por atitudes suas que fugiam aos padrões de uma vida bem planejada. Era a relação respeitosa que persistia entre um aluno e seu querido professor, superando o desgaste do tempo após o convívio em sala de aula. (O Eduardo mencionado na carta é o irmão mais velho de Carlos Maximiliano.)

Rua Visconde de Rio Branco, nº 31. Em [...]

Caro mestre.

Ainda que pareça insólito o meu procedimento casando-me antes de formado, cumpre declarar-lhe que a isto estou resolvido, forçado pelas circunstâncias. Vivi durante seis meses em uma casa de pensão, onde conheci uma jovem órfã de pai e mãe. Graças a estima e confiança que granjeei da família, estava em diário contato com a menina, na qual encontrei, observando-a escrupulosamente, um coração inigualável, muita meiguice e modos recatados e puros, que iam até a ingenuidade. Sondei o seu moral constantemente e, na falta absoluta de defeitos, cheguei a adorá-la.

Pretendia desposá-la depois de formado, porém comunicando a minha intenção à dona da casa, a filha desta, minha explicanda, mordeu-se de inveja e começou daí em diante a maltratar a pobre mocinha. Um dia, procurando, como sempre, rixa por motivo fútil, a tal megera chegou a um ponto que foi preciso eu intervir energicamente para livrar a órfã de brutais maus tratos.

Então voltou a fúria, daí em diante contra mim, e fui forçado a mudar-me depois de (quem diria!) passar uma formidável descompostura na dona da casa, na filha e no tio desta. Se o sujeito não tivesse se humilhado diante de mim, eu, furioso, louco de cólera como estava, teria lhe moído os ossos a pau. Nunca na minha vida cheguei a tal grau de irritação.

Como eu declarara na saída que havia de me casar com a menina, custasse o que custasse, redobraram os maus tratos, pelo que apresentei denúncia ao juiz de órfãos. Este a retirou de lá, pedindo-me para indicar-lhe uma casa de minha confiança. Indiquei uma, porém o juiz quis mandá-la para outra, onde teria que fazer serviços de criada, segundo preceituam as Ordenações do Reino e o próprio juiz me declarou.

Que fazer nesta emergência!

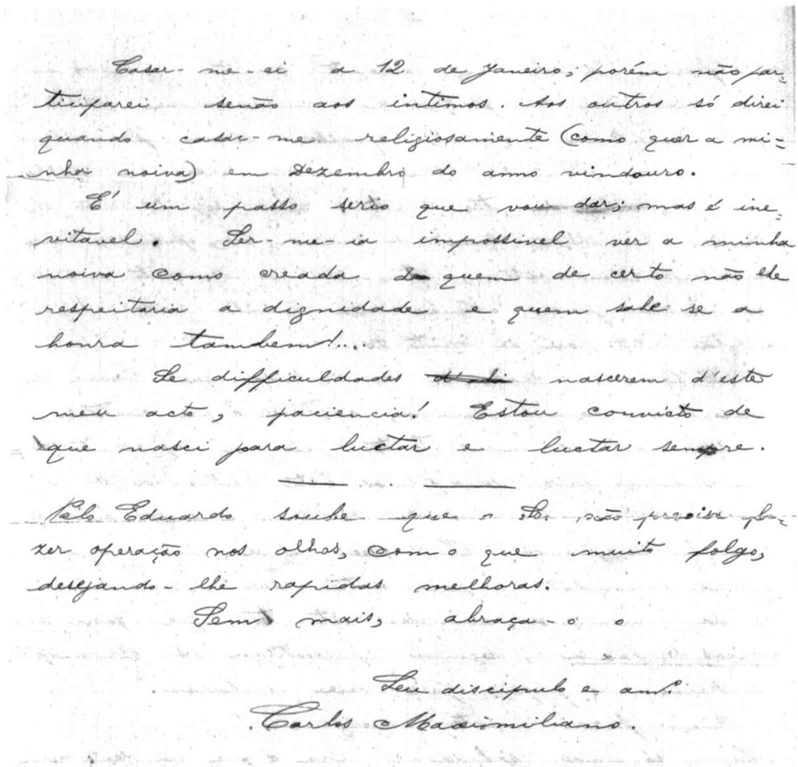

Casar-me-ei a 12 de Janeiro; porém não participarei senão aos intimos. Aos outros só direi quando casar-me religiosamente (como quer a minha noiva) em Dezembro do anno vindouro.

E' um passo serio que vou dar: mas é inevitavel. Ser-me-ia impossivel ver a minha noiva como creada de quem de certo não lhe respeitaria a dignidade e quem sabe se a honra tambem!...

Se difficuldades nascerem d'este meu acto, paciencia! Estou convicto de que nasci para luctar e luctar sempre.

Pelo Eduardo soube que o Sr. não precisa fazer operação nos olhos, com o que muito folgo, desejando-lhe rapidas melhoras.

Sem mais, abraça-o o

Seu discipulo e am.º

Carlos Maximiliano.

Havia só uma saída e foi a que dei: casar-me civilmente e deixá-la na casa que eu escolhera primeiro, até o final do ano próximo. O dono da casa, um excelente velho, ofereceu-ma, e declarei desistir, daqui por em diante, dos 50 réis que percebia para ensinar-lhe o filho que acaba de ser aprovado nos exames de português, de aritmética e álgebra.

Casei-me a 12 de janeiro, porém não participei senão aos íntimos. Aos outros só direi quando me casar religiosamente (como quer a minha noiva) em dezembro do ano vindouro. É um passo sério que vou dar, mas inevitável. Ser-me-ia impossível ver a minha noiva como criada de quem de certo não lhe respeitaria a dignidade e quem sabe se a honra também...

Se dificuldades nasceram deste meu ato, paciência! Estou convicto de que nasci para lutar e lutar sempre.

Pelo Eduardo soube que o Senhor não precisa fazer operação nos olhos, com o que muito folgo, desejando-lhe rápidas melhoras.

Sem mais, abraça-o
Seu discípulo e amigo
(a) Carlos Maximiliano

A identidade da noiva Fernando Gomes não chegou a saber. Ela me foi revelada por seus descendentes e se chamava Maria Florinda Nieves, espanhola, natural da Galícia, região norte próxima da fronteira com Portugal. Maximiliano chamou-a sempre de Rosinha. Eles não ficaram em São Paulo, pois, devido ao clima demasiado úmido para sua saúde, o estudante se transferiu para a Faculdade de Direito de Minas Gerais, em Ouro Preto, então capital do Estado. Eles casaram pelo religioso, como o planejado: após a formatura, em 1898.

O casal teve quatro filhos: Carmen Maximiliano de Garcia Miranda, Alda Maximiliano Freudenfeld, Helda e Fernando Maximiliano, que assim se chamou em homenagem à memória de Fernando Gomes. Fernando seguiu a carreira do seu ilustre pai, tornando-se desembargador do Tribunal de Justiça do Rio de Janeiro. (Há no Rio um colégio com o nome Fernando Maximiliano.) Além do filho, um neto e três bisnetos do ministro Carlos Maximiliano são advogados.

Os últimos anos

Maria das Dores Gomes,
a Mariquinhas, aos vinte anos

Mariquinhas, a filha mais velha de Maria Angélica e Fernando Gomes, baixinha como sua avó Francisca, aos 27 anos candidatava-se a solteirona. Autoritária, taxativa em suas opiniões, falava obviedades e empregava frases feitas. Meu pai, seu sobrinho Hugo, contava alguns ditos engraçados da tia, que eles chamavam de Dedê. Ele a comparava a uma versão feminina do Conselheiro Acácio, o personagem de Eça de Queiroz. Se soubesse que alguém tinha caído da escada, Mariquinhas poderia pontificar com a maior seriedade: "É um perigo descer uma escada íngreme, sem se apoiar no corrimão". Ela sabia ser humilde também. Se precisasse escrever uma palavra com W, não se acanhava de perguntar: "Afinal, quantas pernas tem esta letra?"

Yayá, meiga e inteligente, não se arvorava a pretensões culturais. De estrutura física longilínea, como a mãe, no seu rosto alongado se sobressaíam bonitos olhos castanhos. Ela dava-se muito bem com a irmã Mariquinhas, e as duas seguiram morando juntas mesmo depois de casadas. Yayá muito cedo despertou admiração pela habilidade em fazer doces, superando a mãe no preparo de pingos-de-tocha, incluídos entre os mais requintados doces portugueses. Fernando Gomes não resistia ao aroma das caldas e das passas de frutas da estação, preparadas com o auxílio das negras: tirava sempre uma provinha ainda quente.

O Solar dos Câmara em 1874, à esquerda, a residência do dr. Américo Cabral de Mello

Maria Angélica Cabral Gomes mantinha relações com a família do segundo visconde de Pelotas, José Antônio Corrêa da Câmara, que era tio de sua própria mulher, Maria Rita Fernandes Pinheiro Câmara. Em datas de aniversário, Maria Angélica presenteava a família do Solar dos Câmara com seus doces. Além de vizinhos, o visconde e o professor Gomes foram amigos. Mariquinhas acompanhava a mãe quando era convidada para tomar chá com a viscondessa de Pelotas. Bastava elas atravessarem a rua da Igreja que já estavam diante do grande portão dos Câmara. Mesmo assim, a senhora e a menina colocavam chapéu. Em uma dessas visitas, a viscondessa contou a Maria Angélica que o marido, que lutava na Guerra do Paraguai, lhe tinha escrito uma carta criticando-a por mimar seu filho Alfredo, de onze anos, sugerindo que ela o confiasse ao Colégio Gomes.

Tuyu-Cué, 8 de Março de 1868
Minha muito querida Maria Rita
Havia quase dois meses que não tinha cartas tuas, quando no dia 3 deste, fui agradavelmente surpreendido com tuas quatro cartas de Janeiro e duas de Fevereiro. Fico bastante satisfeito pela certeza de que tu, nossos filhos e pessoas da família passam sem novidade. [...]

A cartinha do Alfredo mostra-me que ele vai atrazado para a idade que tem e parecendo-me que isto acontece pela tua concedência. Não gostei que o tirasses da escola, só por que ele não quis mais ir a ela; não sabendo onde iremos parar fazendo-lhe as caprichosas vontades. [...] Isso não quer dizer que faças dele um armazém de pancadarias, para obrigá-lo a ir ao Gomes (Colégio Gomes) mas eu penso que abandonando os meios de rigor, que reprovo, poderás alcançar que ele te faça a vontade com promessas, com dádivas e bons conselhos, parecendo-me, que a religião será um auxiliar profícuo para alcançarmos do mar esse gênio impetuoso. Não achas que tenho razão? Não te parece mesmo que se o fizéssemos confessar-se mais cedo, entregando-o a um Padre consciencioso, que este poderia com seus conselhos no confessionário modificar-lhe o gênio e torná-lo menos caprichoso?

Não despreses esses meus conselhos, nem te pareçam eles esquisitos, porque fala-te um homem de 44 anos, com bastante experiência, pois, do mundo, se sabe bem que em grande parte as infelicidades da vida são devidas ao despreso da educação da mocidade. O amor materno por demais condescendente e toleran-

te tem nesses infortúnios grande parte, acredita-me. Mostra esta carta a mana (irmã do visconde de Pelotas e mãe de Maria Rita), e pergunta-lhe se não pensa como eu a tal respeito.

Faz hoje um ano que te deixei. [...] Adeus minha Maria Rita. Dá um apertado abraço a cada um de nossos filhos e recebe um do teu marido e amigo

(a) José Antônio

Essa carta, publicada por Rinaldo Câmara – filho do então menino Alfredo que tanto preocupava o pai – na Biografia do Marechal Câmara, revela os costumes da época: casamentos entre tios com sobrinhas, e a autoridade exercida pelo chefe de família. Percebe-se que o visconde tratava sua jovem mulher paternalmente, recorrendo ao apoio da sogra e sua irmã, para Maria Rita ser mais enérgica com o filho. Alfredo precisava de disciplina, e essa ele encontraria no Colégio Gomes, modelo de bom ensino e educação.

A relação entre as famílias Câmara e Gomes seguiu cultivada por minha avó Yayá, que chamava as duas filhas solteiras do Visconde de Pelotas, suas contemporâneas Adelina e Alice Câmara, de viscondessas, ainda que os títulos de nobreza, no Império, não fossem hereditários. Recordo que, ainda menina pequena, fui com minha avó e minha mãe ao Solar dos Câmara. Ficamos na sala diante das duas velhinhas solteiras, netas da viscondessa de Pelotas, sentadas lado a lado em cadeiras de balanço. A amizade persistiu por mais uma geração, entre meu pai, Hugo Pinto Ribeiro, e Adalberto e Armando Câmara, filhos de Alfredo e netos do Visconde de Pelotas.

A sociabilidade e a boa aparência eram bastante cultivadas pelos porto-alegrenses que residiam na rua da Igreja, vizinhando com o Solar dos Câmara. Minha avó me contava que fora vaidosa na juventude e gostava de vestir-se bem. Havia boas costureiras em Porto Alegre, algumas francesas exerciam esse ofício, distantes de suas conterrâneas, que se tornaram famosas na cidade pelo exercício da mais antiga das profissões.

Existia ainda uma outra forma de as porto-alegrenses vestirem-se como parisienses. Mandavam buscar através dos figurinos cortes de três a quatro metros de tecido no qual estavam marcados com alinhavos e riscos de giz os contornos dos moldes e os bordados prontos dos punhos, gola, peitilho e detalhes da saia em contas de cristal negro facetado "jais". A costureira local só precisava recortar o molde no tamanho desejado e costurar. Esses cortes eram de tecido nobre, veludo e cetim natural, em geral preto.

Mariquinhas e Yayá desciam a rua de Bragança, em direção à rua da Praia, para ver os figurinos de Paris recebidos pela loja Gundlach & Cia. Fisicamente diferentes, para ter a aparência de almas gêmeas, as irmãs Gomes mandavam fazer algumas

Yayá e Mariquinhas fotografadas em traje de passeio

roupas iguais. Pelo que conheci de minha avó, discreta e cordata, a idéia foi da irmã mais velha.

As irmãs vestiam-se com maior esmero quando iam a um ateliê para fazer fotos posadas, como tanto se usava na época. Na rua da Praia, 499, havia o ateliê de Gonçalves & Filhos que, como seus colegas de ofício, criavam o cenário para as fotos, com cortinas pintadas em diferentes motivos, à escolha dos clientes.

Faz bem pouco tempo que descobri o "mistério" das muitas fotos (10 cm por 6 cm), contidas no pequeno álbum veneziano que pertenceu a Fernando Gomes, do tamanho de um cartão de visita, no sentido vertical. Elas eram chamadas *cartes de visite*, aludindo à etiqueta francesa da troca de cartões de visita. O pesquisador Miguel Duarte, ao preparar seu livro, *Faça chuva ou faça sol – Fotógrafos em Porto Alegre*, cadastrou setenta profissionais. Só três entre eles eram mulheres.

Intrigava-me o fato de, no verso, da maioria das *cartes de visite*, junto ao nome do fotógrafo, não haver dedicatória nem assinatura da pessoa fotografada. Em outros casos, achei fotos só com a dedicatória, como a do elegante senhor Antonio Chaves Barcellos, que escreveu atrás da sua foto tirada no estúdio J.M. Lopez – photographe american – 40 Rue de Condorcet – Paris:

Ao meu vizinho o Illmo. Sr. Fernando Ferr[a] *Gomes*
Paris, 18 de Agosto de 1877

Em outra fotografia, do mesmo ateliê e data, Manoela Gonçalves Barcellos dedica assim a *carte de visite*:

Offerecido a sua amiga D. Maria Angélica Gomes – rua da Igreja – Paris, 18 de Agosto 1877

Fotos cartes de visite *do comendador Antonio Chaves Barcellos e sua mulher. Paris, 1877*

Essas fotos eram usadas como cartão de visita pelas pessoas que, ao chegar às casas, deixavam na salva de prata ou de porcelana especial para essa finalidade, sobre o console de entrada, o cartão em papel albuminado com sua imagem. Não era preciso assinatura, pensavam elas, os destinatários as conheciam muito bem. Em outras oportunidades amigos ofereciam-nas para os álbuns especiais para *cartes de visite*, pois as pessoas bem-relacionadas faziam coleções de *cartes de visite*.

Já comentei neste livro a camaradagem que existia entre os professores porto-alegrenses e a gentil acolhida que davam aos estrangeiros que por aqui se estabeleciam, também abrindo suas escolas particulares. Fernando Gomes incluiu sua família nesses relacionamentos, e uma prova é o passeio a São Sebastião do Caí em 1887, que fez com suas duas filhas, o professor Frederick Fitzgerald e Mrs. Fitzgerald. Eles viajaram em barco de uma das companhias de navegação da província, pois nossa rede fluvial era bem aproveitada, tanto para carga como levando passageiros. O prazer do grupo foi grande, e houve a

Uma foto posada para fotógrafo desconhecido em um sítio de São Sebastião do Caí. O professor Gomes aparece sentado, à direita; a filha Maria Olívia atrás dele, Maria das Dores Gomes está à esquerda do professor Fitzgerald e sua mulher

preocupação de registrá-lo em uma bela fotografia, para a qual foi criado um ambiente em meio à natureza. Fernando Gomes deve ter sentido certa nostalgia diante da paisagem do Caí. Se não visitou aquela região quando criança, tinha ouvido descrições de seu padrinho, o tenente-coronel Francisco Diogo Vélez, proprietário de uma fazenda local.

Os dois senhores, a senhora e as duas moças vestiram para a ocasião trajes urbanos, definidos pelos botões de metal fosco das toaletes iguais de Mariquinhas e Yayá e que também enfeitavam o *tailleur* da senhora inglesa. As sombrinhas de cambraia debruada de renda francesa serviam como proteção do sol para as mulheres zelosas de manter a pele clara, por pura vaidade: naquele tempo ainda não se falava em camada de ozônio.

Quando fez aquele passeio, Yayá já tinha conhecido seu futuro marido, João Pinto Ribeiro Filho. Quem sabe até casaria antes da Mariquinhas, pensava ela. Muitos pais estabeleciam uma hierarquia entre as filhas casadoiras, chegando a propor ao candidato da mais jovem que a trocasse pela outra irmã. Yayá conhecia bem o pai: ele não colocaria obstáculo para que ela casasse antes de Mariquinhas.

A partir desse ponto da nossa história, valho-me da agenda deixada por meu avô – tratado sempre por João Pinto – com o registro das datas importantes das duas famílias. Ele soube resumir os fatos.

João Pinto Ribeiro Filho, na época do seu noivado

12 de dezembro de 1885 – Encontrei-me em um baile e, pela primeira vez, dancei com a Yayá

25 de fevereiro de 1887 – Tratei particularmente casamento com a Yayá

22 de dezembro de 1887 – Tratei oficialmente casamento com a Yayá

Yayá guardou na sua caixa de recordações o cartão de visita do noivo, com o nome impresso e, no verso, a mensagem enviada junto com o presente, no dia em que completava 22 anos, 8 de março de 1888. João Pinto não achou necessário assinar. O modesto brinde foi um anel de solitário de brilhante em uma caixinha de veludo preto e cetim vermelho.

Depois que somos noivos, é a primeira vez que faz anos: que o modesto brinde que lhe ofereço perpetue por toda a nossa existência as alegrias de hoje.

João Pinto tinha assunto com o futuro sogro, pois viveu no Rio de Janeiro, de dezembro de 1879 a agosto de 1884, morando na casa do tio, Francisco de Assis Pinto Ribeiro. Seu primeiro emprego foi na Casa Joaquim Bernardino, na rua da Candelária, 43. Depois de cinco anos, pediu demissão de onde lhe "comeram o suor" e foi trabalhar como guarda-livros na Casa Lengruber Mettrau.

Ao regressar a Porto Alegre, já estava com lugar assegurado como guarda-livros do Banco da Província. Seu pai, João Pinto Ribeiro, português estabelecido em Rio Pardo, onde nasceram os quatro filhos (João, Arthur, Cândida e Fernando), foi transferido para Porto Alegre como diretor do Banco da Província. Ele era também vice-cônsul de Portugal e por serviços prestados nessa função recebeu o título de comendador. Os Pinto Ribeiro moravam na rua da Ponte, perto da praça da Matriz, fácil para João Pinto passar pela casa do professor Fernando Gomes e namorar Yayá, que ficava na janela do casarão onde fora o Colégio Gomes, para o qual a família acabou se mudando, conforme já havia sido previsto. Essa forma de namorar era típica dos porto-alegrenses no século XIX, e João Pinto não fugiu à regra, indo e vindo pela quadra, do Solar dos Câmara até a rua Clara, durante meia hora, quando terminava seu expediente no Banco da Província.

Fernando Gomes vivia intensamente o clima republicano e a abolição da escravatura, quando o filho Emílio voltou para casa, formado em medicina no Rio de Janeiro na turma de 1886.

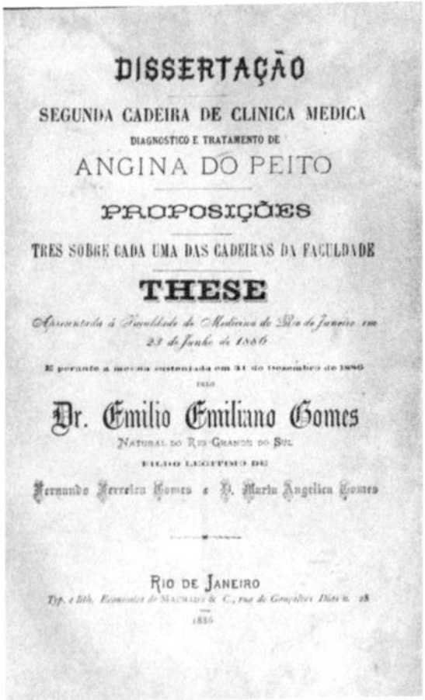
DISSERTAÇÃO

SEGUNDA CADEIRA DE CLINICA MEDICA

DIAGNOSTICO E TRATAMENTO DE

ANGINA DO PEITO

PROPOSIÇÕES

TRES SOBRE CADA UMA DAS CADEIRAS DA FACULDADE

THESE

Apresentada á Faculdade de Medicina do Rio de Janeiro em 23 de Junho de 1886

Dr. Emilio Emiliano Gomes

Natural do Rio Grande do Sul

Fernando Ferreira Gomes e D. Maria Angelica Gomes

Rio de Janeiro

Trouxe sua tese de conclusão de curso: Diagnóstico e tratamento de angina de peito, dedicada ao padrinho, o dr. Graciano Alves de Azambuja, ex-aluno também de seu pai, "como prova da mais alta estima e consideração". A dedicatória ao dr. Graciano era fiel aos princípios da Ciência Positiva de Augusto Comte, como se pode deduzir nas palavras escritas por Emílio:

"[...] As Vossas sábias lições de filosofia muito contribuíram para o feliz êxito de meus estudos: convencido da relatividade de vossos conhecimentos, tendo em vista os limites da ciência, nunca procurei a causa íntima dos fenômenos e satisfazia-me sempre quando ela, pela observação e esperiência, determinava suas leis." (a) Emílio E. Gomes

O retorno de Emílio foi um alento para o pai, uma festa para a mãe e as irmãs que vibravam com os novos assuntos de quem tinha vivido tanto tempo na capital do Império. O médico recém-formado tinha 23 anos, era mais alto que o pai, dotado com o mesmo carisma. O dr. Emílio não se inclinava por clínica médica, preferindo dedicar-se à saúde pública. Durante três anos foi diretor do lazareto, onde enfermos de doenças contagiosas ficavam isolados. Nessa época conheceu Rita Ida de Cássia Rangel, a Fifi, uma moça de olhos azuis, filha de Ana Ferreira Rangel e Justo de Azambuja Rangel. O sogro pertencia ao Partido Liberal e era vice-presidente da Província em exercício no cargo quando foi proclamada a República.

Emílio e sua irmã Yayá casaram no mesmo ano: 1888. Ela e João Pinto no dia 17 de junho, perturbados pela doença da avó Francisca Vélez Gomes, que morreu aos 76 anos, cinco dias antes da cerimônia. Eles decidiram não adiar a data: eliminaram a festa. A família se reuniu em torno de um oratório montado na sala de visitas, com as imagens sacras deixadas pelas avós. O pároco da catedral fez o casamento. Na certidão consta a assinatura de duas testemunhas: Wenceslau Escobar, cunhado do noivo, e Francisco Ferreira Gomes, tio da noiva. Emílio e Fifi casaram também na residência do pai da noiva, no dia 15 de dezembro, assinando como testemunhas Antônio Chaves Barcellos, vizinho de Fernando Gomes, e o major Luiz Mendes de Moraes.

O dr. Emílio Emiliano Gomes em 1886

O novo casal João Pinto Ribeiro Filho ficou morando na casa dos Gomes, e lá passou a noite de núpcias. Yayá foi tomar o primeiro café-da-manhã, diante do marido e de seu pai, à mesa, de olhos baixos. Era assim mesmo. Só os recém-casados cujas famílias tinham chácaras ou que morariam sozinhos podiam dar-se ao luxo da privacidade de uma lua-de-mel. Ao ser trocada a roupa de cama, na manhã seguinte à primeira noite, sempre havia na casa mulheres curiosas em investigar vestígios da virgindade da noiva. E esse foi um comportamento que muitas mães ainda teriam até a primeira metade do século XX.

Houve desde o início um bom entrosamento entre as famílias Gomes e Pinto Ribeiro. O comendador Pinto Ribeiro, pai de João Pinto, foi um homem bonito, de temperamento folgazão, dado a conquistas. Sua mulher, Cândida da Silva Pinto Ribeiro, era tida na família Gomes como uma mulher fina, criada em padrões econômicos elevados, na cidade de Rio Pardo. Seu pai, o cirurgião português dr. José de Souza e Silva, formado pela Universidade de Coimbra, foi o primeiro médico na província a fazer cirurgia de cérebro. Ele veio da Europa trabalhar na Beneficência Portuguesa, em Porto Alegre, transferindo-se para Rio Pardo, onde constituiu família e terminou seus dias como benemérito.

Com a presença do genro, a casa de Fernando Gomes passou a ter novas visitas. E gente interessante como o dr. Wenceslau Escobar, casado com Cândida Silva Pinto Ribeiro, a Candoca, única irmã de João Pinto. O casal tinha uma filha de cinco anos. Chamava-se Wenceslina, um nome raro, digno de quem teria uma vida que sairia fora do modelo das mulheres da família.

O dr. Wenceslau era advogado. Ele e o professor Gomes ficavam sentados, lado a lado, durante as visitas, pois assunto não lhes faltava. Brilhante ao falar e escrever, quando voltou para o Rio Grande do Sul, formado em São Paulo, o dr. Wenceslau teve assento como deputado, eleito pelo partido liberal de São Borja, sob influência do pai, José Pedro de Escobar, o barão de São Lucas, próspero fazendeiro.

Wenceslau era filho de uma índia, ainda adolescente quando deu à luz, e neto de um peão da fazenda. O barão de São Lucas, além dos filhos do casamento, comentava-se ter espalhado pela fronteira por volta de cem bastardos. Ele reconheceu legalmente Wenceslau como filho e proporcionou-lhe a melhor educação. Aos nove anos, em 1866, o menino veio para Porto Alegre como interno do Ginásio Rio-Grandense, dirigido pelo cônego José de Noronha Massa. Ao contrário do professor Gomes, o cônego Massa educava na base de palmatória. Wenceslau conta, em sua autobiografia, nunca ter esquecido o pavor que sentia por causa daqueles castigos.

Como deputado na Assembléia Provincial, em 1881, Wenceslau Escobar apresentou projeto que tornava obrigatório o ensino primário no Rio Grande do Sul, dos sete a quinze anos, dentro de um círculo traçado pelo raio de um quilômetro da sede da escola pública. O projeto não foi aprovado, e o professor Gomes não se conformava com o fato.

O oficial de marinha Fernando Pinto Ribeiro fotografado com uma gueixa em Yokohama

Na família Pinto Ribeiro havia também um Fernando, irmão mais moço de João Pinto, oficial de marinha, da mesma idade de sua cunhada Yayá. No mês de setembro de 1889, quando ela estava no início da gravidez do primeiro filho, chegou uma carta de Fernando dirigida a ela, num grande envelope com selos do Japão. Ele estava embarcado, como segundo-tenente, fazendo uma viagem de circunavegação no Almirante Barroso, um cruzador movido a vela e a vapor. Partira do Rio em outubro do ano anterior, após uma solene despedida do imperador D. Pedro II, que subiu a bordo para cumprimentar a nova turma de oficiais da Marinha Brasileira.

Fernando Gomes, que nunca saíra do Brasil mas conhecia geografia e história o suficiente para viajar com os alunos em roteiros sem data, atravessando mares e séculos em poucos minutos, acompanhava com curiosidade o roteiro de seu xará. Quando o professor chegou em casa e soube da carta de Fernando Pinto Ribeiro, pediu para vê-la. João Pinto, o genro, adiantou-lhe que o irmão mais brincava do que narrava impressões de viagem.

Mesmo assim, Fernando Gomes sentou-se na cadeira de balanço, colocou os óculos de lentes grossas, pegou a carta com as duas mãos, aproximou-a do rosto e se preparou para a leitura. Ficou impressionado com a beleza do papel de arroz e as glicínias estampadas no sentido vertical, deixando espaço para a escrita em caracteres da língua japonesa. Num lance de olhos pelas quatro páginas detectou graves erros de ortografia e concordância, concluindo a deficiência do ensino na formação dos oficiais de marinha. Apesar de a filha Mariquinhas reprovar a carta, a começar porque não continha assunto apropriado para uma moça como Yayá, o pai não fez caso. Afinal era raríssimo alguém fazer a volta ao mundo.

Yokohama, 31 de Julho de 1889

Maria Olívia

Já há muito que tenho prometido, a mim mesmo, lhe escrever; entretanto ainda não o fiz porque não sei o modo de castigar seu marido por não me ter ainda escrito. Enfim deixemo-lo entregue à santa preguiça e conversemos nós. Não sei, depois de tão longa viagem, sobre que lhe hei de falar, se dos mapas nrs 1, 2 e 3, ou flores, vestimentas e músicas que são entretanto os assuntos de que as moças como Vcê. mais gostam.

Eu procurarei lhe distrair, analisando as três palavras que com mais elegância pronunciam as moças dos três últimos países por mim visitados (Chile, Austrália e Japão) e que são: Oxalá, Yes e Sayonara, esta significando adeus. Nenhum dos licores de que falam as histórias orientais produzem mais suave embriaguez que o Oxalá dito pela Chilena, que inebria, seduz e enlouquece. É tão doce que não se pode desconfiar que aquele Oxalá seja o tão comum oxalá.

O pobre Adão torna-se escravo (eu me livrei) do Oxalá. O seu maior prazer é dançar a cueca, que executa como qualquer descendente dos velhos incas, e é mesmo capaz de ter, muitos carinhos por los brasileños ...E assim vai Adão passando vida folgada e orgulhoso da Senhorita cujos olhos encantam, até surgir uma Miss raspando seu Yes. ...Aí fica Adão já transformado em gentleman, bebe cerveja e come batatas. Se ainda fica com fome pergunta a Lady: "Tu me amas?". E ela responde: "Yes". Se lhe pergunto queres dinheiro, ela suspira ainda mais ao dizer: "Yes".

Então o pacato Adão começa a correr o mundo até que desembarca nas praias japonesas. Passando pelas ruas, ouve, atirado por lábios pintados de ouro, o terrível sayonara. Já voltou a crença a Adão; desde então vemo-lo a comer arroz com dois pausinhos e metido em um vaso de bronze. Adão sente-se feliz, a japonesa o ama, dá-lhe arroz, deixa que ele, como se diz aí na província, solte pandorgas ao ar e ouve o sayonara que o cativou. Só com uma coisa não se conforma o homem: é com o tinir do vaso metálico que lhe eriça o cabelo.

Nessa altura, Fernando Gomes perdeu a paciência e saltou alguns trechos. O rapaz deveria ter descrito os lugares por onde andara, cumprindo o roteiro de um ano e meio de viagem, que não chegara à metade. Por que não escrevera sobre Valparaíso, Sidney e Yokohama? E o professor chegou ao final.

Queria contar-lhe muitas coisas, Maria Olívia, porém a historia de Adão tomou muito espaço, obrigando-me a fazê-lo em outra carta. Termino pedindo que muito me recomende a seus Pais e Irmãos e que dê uns cascudos no silencioso Snr. João, seu marido. Se quiser dar-me o prazer de contestar as frases de Budha pode fazê-lo escrevendo até 15 de Novembro para Alexandria.
Seu cunhado
(a) Fernando Pinto Ribeiro

Edith foi a única filha mulher de João Pinto e Yayá, nascida em 24 de abril de 1890, em plena efervescência do regime republicano recém-implantado. Era uma menina forte que se transformaria em uma linda moça, de tom de pele bronzeado comparável ao dos mouros, dos quais descendiam os Pinto Ribeiro com suas raízes profundas em Portugal.

O choro de criança envolvia a casa. O avô Fernando Gomes, apenas festejou sua neta, começou a sentir-se enfraquecido, perdeu o apetite e manifestou lapsos de memória. Via um tanto apático a nova geração crescer em volta. Alba, a filha de Emílio e Fifi, nasceu no dia 22 de agosto, no mesmo ano de Edith. Teria ele só netas mulheres?

Yayá deu a luz um menino no dia 2 de janeiro de 1892 e chamaram-no Ivo. Seis meses depois nasceu Maria, a segunda filha de Emílio Emiliano. Foi um período em que Porto Alegre vivia num clima de agitação com a revolta da canhoeira Marajó da Armada Nacional, fundeada ao largo do Guaíba para tentar restaurar o governo que um levante dos partidários de Júlio de Castilhos derrubou no dia 17 de junho de 1892. Os canhões da Marajó estavam voltados para o Palácio do Governo, nos altos da rua da Igreja, próximo da casa dos Gomes, alvo fácil do bombardeiro, realizado no dia 24 de junho do mesmo ano.Yayá estava grávida do terceiro filho, ao qual atribuiria o temperamento inquieto à angústia que ela sentiu durante a revolta da Marajó, que não resultou em danos maiores.

João Pinto Ribeiro Netto nasceu no dia 2 de janeiro de 1893, no dia que seu irmão Ivo completava um ano. Yayá estava fazendo uma visita na casa dos sogros, na rua da Ponte, quando sentiu os sinais do parto iminente. João nasceu, por isso, na casa dos avós paternos, para o orgulho do comendador João Pin-

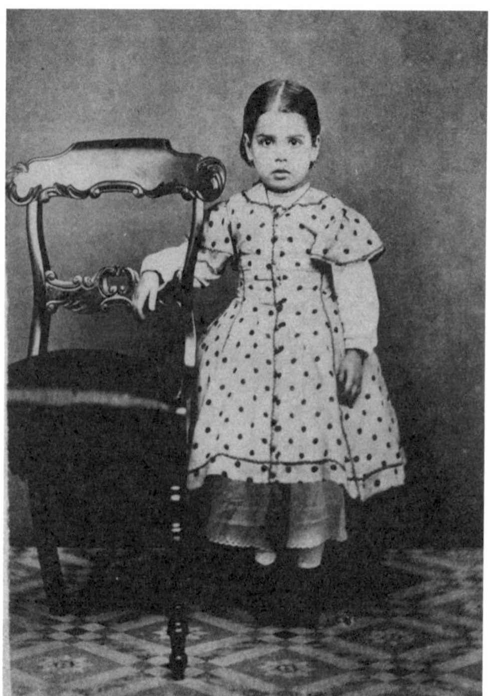

Edith Pinto Ribeiro em 1894, aos quatro anos

to Ribeiro, que via ser cumprida nesse neto a tradição familiar de haver sempre um João na família, desde 1590. O primeiro João Pinto Ribeiro da nossa genealogia veio à luz em Lisboa. Ele figura na história de Portugal, como o advogado da casa dos Bragança que contribuiu para a restauração do trono português com a coroação de D. João IV, pondo fim ao domínio espanhol.

Em cinco anos, Yayá teve seus quatro filhos. Hugo, meu pai, nasceu no dia 13 de maio de 1894. Devido aos partos sucessivos e a uma pneumonia, ela emagreceu muito, passou a comer "como passarinho", e assim permaneceu por toda a vida.

O movimento da criançada encobria a tensão na casa da rua da Igreja, 185, devida à revolução de 1893, que afetava diretamente João Pinto. Durante trinta meses o Rio Grande do Sul foi conturbado pela luta entre os partidos rio-grandenses, federalista e republicano. Os federalistas eram contra os excessos de autonomia do Estado e reclamavam os arrochos do governo do Estado, enquanto os republicanos, liderados por Júlio de Castilhos, mantinham a posição governista. O almirante Saldanha da Gama, gaúcho e fanático federalista, reuniu seus subordinados da Marinha para lutar aqui no sul.

A fina flor dos oficiais foi levada à revolução, inclusive Fernando Pinto Ribeiro e os companheiros que com ele fizeram a volta ao mundo. Esses rapazes lutaram até serem aprisionados pelos republicanos e levados para o Rio. Em outubro de 1894, Fernando Pinto Ribeiro "teve o Rio como menagem" – saiu do cárcere mas não podia afastar-se da cidade – e a família respirou aliviada.

O almirante Saldanha da Gama, no entanto, não se conformava com a derrota. No livro *Apontamentos para a História da Revolução Rio-Grandense de 1893*, o dr. Wenceslau Escobar, cunhado de Fernando, retrata o horror do desfecho da revolução federalista:

Saldanha da Gama, que, segundo testemunhas, retirava-se no tranco do cavalo, alentando uma resistência impossível, ou, quem sabe, procurando na morte o fim desse transe de amarguras infinitas, foi, afinal, alcançado, lanceado e morto. Estava completada a tragédia em que os republicanos degolaram e despiram dezenas de cadáveres, inclusive o do glorioso almirante, cuja orelha esquerda cortaram.

As forças do governo eram comandadas pelo coronel Cândido Azambuja, mas foi o tenente-coronel João Francisco Pereira e Souza que marcou presença na história do Rio Grande do Sul como homem capaz das maiores crueldades no campo de batalha. Sem que a família soubesse, Fernando Pinto Ribeiro encontrava-se naquele campo. Tinha desertado da Marinha, por lealdade aos seus companheiros de armas, e fugiu para o sul para lutar ao lado deles. Morreu no dia 24 de junho de 1895, aos 27 anos, ao lado de seu melhor amigo, Luiz Timóteo Pereira da Rosa, em Campo Osório, próximo à cidade de Quaraí.

Quatro dias depois, 29 de junho, foi assinado o ato de pacificação, no Rio Grande, pelos generais Galvão, representando o Governo, e Silva Tavares, os revolucionários.

Depois do acidente cardiovascular que Fernando Gomes sofreu, passou a se sentir cada vez mais alquebrado pela falta de memória e a aterosclerose evoluindo com conseqüente perda da visão. Racionalista erudito, como o definiu Carlos Maximiliano, o mestre serenamente aguardava a morte. Sem rezas. Descrente que sempre fora da medicina e dos remédios, mudou de pensar e se deixou cercar por uma equipe dos melhores médicos de Porto Alegre. Eram formados no Rio de Janeiro, em Coimbra e em Montpellier, pois a nossa Faculdade de Medicina só seria fundada em 1898.

Quase todos eram ex-alunos, como o clínico dr. Dioclécio Pereira da Silva, positivista convicto. O cardiologista dr. Ramiro Barcellos e seus colegas Protásio Alves, Olynto de Oliveira e José Carlos Ferreira participavam das conferências sobre o estado de saúde do professor Gomes, a chamado do filho, o dr. Emílio Emiliano Gomes. Aquelas visitas médicas representavam também um afago e uma distração para o doente.

O mestre ouvia, em seu quarto de enfermo, conversas sobre a situação política no Rio Grande do Sul e entristecia-o a violência como eram tratadas as desavenças políticas. Preocupava-o, acima de tudo, o papel autoritário desempenhado por seu estimado ex-aluno Júlio de Castilhos, com o qual compartilhava os ideais republicanos e positivistas.

Anno I — Estado do Rio Grande do Sul — Porto Alegre, 1 de Junho de 1893 — N. 11

O PHANAL

Jornal escolar, litterario e scientifico

Propriedade e redacção de alumnos da „Escola Brazileira"

ASSIGNATURAS Para a capital: Por anno..... 7$000	COLLABORADORES DIVERSOS Director e responsavel — A. Baptista de Freitas	Para fóra da capital: Por anno...... 8$000 Numero avulso. 400
Publicação quinzenal	Escriptorio rua Floriano Peixoto, 198	*Publicação quinzenal*

Fernando Ferreira Gomes

Seu estado de saúde era conhecido nos meios estudantis. O jornal "escolar, literário e científico" *O Phanal* (O Farol), um tablóide de oito páginas dos alunos da Escola Brasileira, dirigido por A. Baptista de Freitas, com escritório à rua de Bragança 198, na edição de 1º de junho de 1893, prestou uma grande homenagem ao professor. Apresentaram a biografia do mestre em duas páginas. Os Gomes, ainda que tenha havido engano na data de nascimento do professor, que foi 10 de maio, sensibilizaram-se com a homenagem, e o exemplar do jornalzinho ficou entre as relíquias de família. O texto termina assim:

*Hoje, 30 de maio de 1893, que o velho mestre completa 63 anos, todos os seus discípulos hão de recordar-se daquele a quem tanto devem, daquele que tinha a habilidade de inspirar-lhes interesse pelos estudos menos agradáveis, daquele a quem eles estavam acostumados a venerar quase como um pai, a respeitar como superior e a estimar como amigo. E eu, que, a pedido dos jovens redatores d'*O Phanal*, escrevo estas linhas, saúdo o preceptor ilustrado e amigo sincero em nome da mocidade que se instrui na Escola Brasileira.*

(a) Livio

Fernando Gomes, recolhido ao leito, emocionou-se quando ouviu a leitura dessa homenagem. Recuperara a lucidez e voltara a se dar conta da realidade. Percebia que Emílio, o filho médico, exercia as mesmas funções desde que chegara do Rio. Além de dirigir um lazareto, Emílio Emiliano fora nomeado, em setembro de 1890, pelo visconde de Pelotas, para a Inspecção de Saúde, fazendo parte da equipe dos médicos Serapião Mariante e Protásio Alves. Emílio sabia das pesquisas de Osvaldo Cruz e providenciou sua transferência para o Rio de Janeiro. Seu pai o estimulou, ciente das melhores oportunidades que a capital da República oferecia. No dia 17 de abril de 1895, Emílio, Fifi – grávida da terceira filha – e as filhas Ruth e Maria embarcaram para o Rio.

Fernando sabia que se despedia do seu único filho para sempre. Tinha certeza que ele se destacaria na vida profissional, voltado para pesquisas. E não se enganou. Além de trabalhar com Osvaldo Cruz, o dr. Emílio Gomes fez um longo estágio no Instituto Pasteur, em Paris, e ocupou importantes cargos de saúde pública no Rio de Janeiro.

Honra ao mérito

1896. O novo ano começa para Fernando Gomes com o recebimento de uma carta de Gabriel de Azambuja Fortuna, sobrinho do dr. Graciano Alves de Azambuja que se formaria em engenharia na Escola Politécnica do Rio de Janeiro quatro anos depois. Descendente de Jerônimo de Ornellas, Gabriel pertencia a uma família de fazendeiros e dedicou-se a medições de estâncias gaúchas. Mais tarde, já com sua própria família, foi para Corumbá, Mato Grosso, onde, além de exercer sua profissão abriu a primeira livraria na cidade. Em 1916, durante a Primeira Grande Guerra, foi prefeito de São Leopoldo, incumbido por Borges de Medeiros de introduzir naquele município, onde só se falava alemão o ensino da língua portuguesa. Gabriel de Azambuja Fortuna participou da fundação do Banco do Rio Grande do Sul.

Rio, 1º Jan 96.

Meu Illmo. Mestre e Am° Snr. Gomes.

A Vós e Vossa Exma. família felicito pelo Ano Novo, desejando o vosso pronto restabelecimento e felicidade de que sois digno.

Participo-vos que graças a Deus, aos bons princípios que me ensinastes, e ao pouco de estudo, consegui ser aprovado plenamente no exame de matemática elementar, que prestei perante à Academia. Há algum tempo que encontrei seu filho, o Dr. Emílio, na Rua do Ouvidor, estava bem.

Ontem, recebendo uma carta do Tio Graciano, soube não passardes bem de saúde, o que muito lamento. Faço votos para seu pronto restabelecimento para que continueis a dar aos vossos alunos suas aulas de matemática, que para vós é uma distração e para os meus patrícios são de muita utilidade.

Pretendi estudar em Ouro Preto, porém a minha viagem a este lugar fez-me desistir do intento. Em março pretendo começar o 1° ano, creio que terei de lutar muito com a cadeira do Cálculo, as outras duas são Física e Desenho Topográfico.

Minha Mãe recomenda-se a Vós e vossa Exma. família.

Sou o vosso discípulo e amigo agradecido, que vos abraça

(a) Gabriel de Azambuja Fortuna

Jardim Botânico, Rua Lopes Quinta nº 1 A .

O professor leu a carta de Gabriel, deixou que aflorassem algumas lembranças ligadas ao tempo do rapaz na sua classe, e fechou os olhos, voltando à permanente tristeza dos últimos tempos. Tinha consciência de estar gravemente enfermo. No fim. Metódico que fora no trabalho, havia esquecido de aplicar disciplina nos cuidados com sua saúde, fumando muito e levando vida sedentária. Aos sessenta anos, começou a lhe faltar a visão, dificultando-lhe a leitura, um hábito cultivado desde criança. Pouco a pouco, perdia também a memória, que ainda conseguiu recuperar em parte. Sentindo-se debilitado apelou aos remédios, "como certos incrédulos que, em face da morte, pedem à religião, que a sua ilustração repudiara, a continuação na eternidade da vida que se esvai". Quem narra esse final é Carlos Maximiliano:

Ele cedo se convenceu da impotência dos remédios, perdeu o terror da morte e voltou à antiga lucidez, recobrando a serenidade. Queixava-se somente da falta de visão que o impedia de matar o tédio de longas horas com a leitura. Ele disse aos amigos que o visitavam estar convencido que a moléstia avançava a passos largos. Caminhava com tranqüilidade para o fim. Atirou-se ao leito e, apesar das esperanças dos médicos, sustentou calmamente que não mais se ergueria daquele lugar.

O velho mestre não teve preocupações financeiras ao se aposentar. Além do casarão da rua da Igreja, 185, onde instalara o Colégio Gomes e passou a residir com a família, e a casa de número 183, ficara com o maior imóvel da herança do dr. Américo Cabral de Mello, o prédio de número 187. Esse casarão com porta e sete janelas estava alugado ao Governo do Estado, para a Secretaria das Obras Públicas e uma agência dos Correios e Telégrafos, por trezentos mil réis mensais. Na praça da Matriz, tinha outra casa alugada, a de número 8. Para qualquer eventualidade poderia ser vendido um terreno na rua do Arvoredo. Havia ainda dezoito apólices de dívida do Estado, em empréstimo datado de 1893 no valor nominal de quinhentos mil réis, a juros de seis por cento ao ano. Pediu ao genro João Pinto que, chegado o momento chamasse Graciano de Azambuja, seu ex-aluno, amigo e brilhante advogado, para se encarregar do inventário. Estava tudo organizado.

Após dezenove meses de doença, Fernando Ferreira Gomes expirou no dia 28 de dezembro de 1896 ao meio-dia. Tão

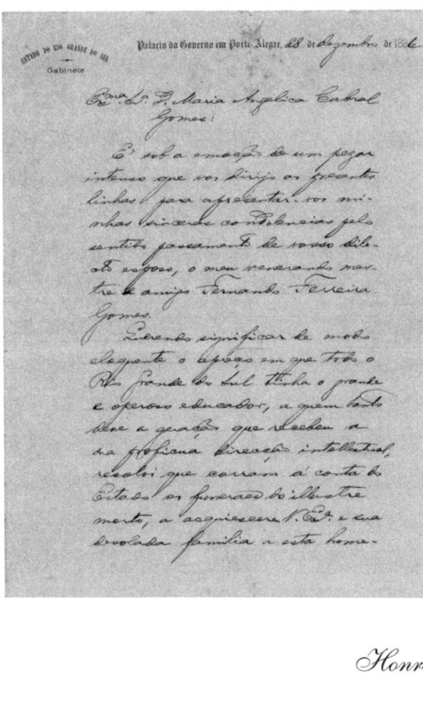

Estado do Rio Grande do Sul
Gabinete

Palacio do Governo em Porto Alegre, 28 de dezembro de 1896

Exma. Sra. D. Maria Angelica Cabral Gomes:

É sob a emoção de um pezar intenso que vos dirijo as presentes linhas para apresentar-vos minhas sinceras condolencias pelo sentido passamento de vosso dilecto esposo, o meu venerando mestre e amigo Fernando Ferreira Gomes.

Querendo significar de modo eloquente o apreço em que todo o Rio Grande do Sul tinha o grande e operoso educador, a quem tanto deve a geração que recebeu a sua proficua direcção intellectual, resolvi que corram á conta do Estado os funeraes do illustre morto, a acquiescerá V. Exa. e sua desolada familia a esta home-

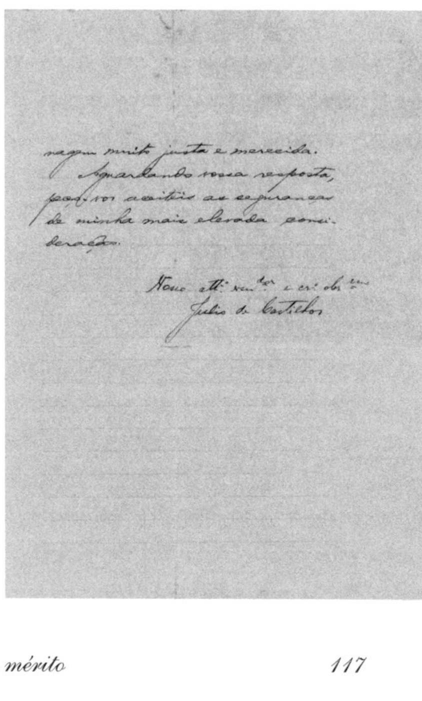

nagem muito justa e merecida.

Aguardando vossa resposta, peço-vos aceiteis as seguranças de minha mais elevada consideração.

Vosso att.o ven.dor e cr.o obr.mo
Julio de Castilhos

logo a notícia se espalhou e chegou ao palácio do Governo, o presidente Júlio de Castilhos mandou uma carta à viúva Maria Angélica Cabral Gomes.

Palácio do Governo em Porto Alegre, 28 de dezembro de 1896

Exma. Sra. D. Maria Angelica Cabral Gomes:

É sob a emoção de um pezar intenso que vos dirijo as presentes linhas para apresentar-vos minhas sinceras condolências pelo sentido passamento de vosso ilustre esposo, o meu venerando mestre e amigo Fernando Ferreira Gomes.

Querendo significar de modo eloqüente o apreço em que todo o Rio Grande do Sul tinha o grande e operoso educador, a quem tanto deve a geração que recebeu a sua profícua direção intellectual, resolvi que corram à conta do Estado os funerais do ilustre morto, a acquiescença de V. Exça. e sua desolada família a esta homenagem muito justa e merecida.

Aguardando vossa resposta, peço-vos aceitar as seguranças de minha mais elevada consideração.

Vosso attencioso servidor e criado obrigadissimo

(a) Júlio de Castilhos

O maestro Murilo Furtado, que tinha 23 anos na época, tão logo tomou conhecimento das pompas que Júlio de Castilhos preparava para os funerais no dia seguinte, não teve dificuldade de, em poucas horas, colocar na pauta um hino a Fernando Gomes, para ser tocado pela Banda Municipal. Essa colaboração do já prestigiado maestro Furtado criou uma atmosfera de maior emoção durante os funerais. O maestro Murilo Furtado transferiu-se mais tarde para o Rio de Janeiro e compôs algumas óperas. Sua obra-prima, porém, é *Paisagem mística*, até hoje interpretada, na versão orquestral.

O jornal *O Mercantil*, de 30 de dezembro de 1896, na coluna de necrologia Trânsitos, descreve o enterro de Fernando Gomes.

Ontem, às 9 horas da manhã, tiveram lugar, imponentemente, n'esta capital, as cerimônias do enterramento do velho e saudoso educador, que, em vida, se chamou Fernando Ferreira Gomes.

Nunca visto tão grande acompanhamento de ex-discípulos, amigos e admiradores do illustre finado, seguia, de cabeça descoberta, o féretro que foi levado à mão pelo meio da rua, aos raios abrazadores de um sol de verão.

Da casa mortuária n.185 da Rua Duque de Caxias (nome dado à Rua da Igreja a partir de 1869 pela Câmara Municipal) *sahiu o caixão conduzido pelas alças, pelos drs. Julio de Castilhos, presidente do Estado, João Abbott, Graciano de Azambuja, Carlos Wallau, Ramiro Barcellos e o tenente coronel João Cândido Jacques.*

O cortejo longo dirigiu-se pela rua da Igreja, com direção à capela dos Passos, onde deveriam ter lugar as cerimônias de encommendação do corpo presente.

Diversas classes tomaram parte, avultando muitos membros da magistratura, advocacia, professorado público, commercio, artes, funccionalismo e diversos representantes de jornaes da capital. Entre as muitas pessoas que formaram o préstito fúnebre, de relance, notamos os drs. Faria Santos, ex-intendente municipal, Sebastião Leão, médico da polícia, drs. Olinto de Oliveira, Dioclécio Pereira e Sarmento Leite. Pereira Parobé, secretário do Estado, tenente coronel Henrique Martins, marechal Augusto Cezar da Silva, reverendo cônego Marcellino, padre José Pereira da Silva Lima, Apelles Porto Alegre, ilustre diretor do Colégio Riograndense, Ivo Corseuil, Ignácio Montanha, Leão Parente, estes dois representando a Escola Brasileira, dr. Alfredo Clemente Pinto, diversos e conhecidos professores residentes n'esta cidade. Dr. Martins Costa Junior, ex-deputado federal, officialidades dos 1°, 2º e 3° batalhões de infantaria, dr. Protásio Alves e mais pessoas.

Tocando sentidos funerais, seguiram o préstito fúnebre as bandas de música do 1° e 2° batalhões de infantaria da Brigada Militar.

A encomendação do corpo foi feita na igreja dos Passos, replecta de povo, por quatro sacerdotes, cantando a missa choral.

O *Correio do Povo* da mesma data, além de noticiar o sepultamento, fez um registro laudatório sobre o "venerando educacionista Fernando Ferreira Gomes, decano do magistério rio-grandense", do qual transcrevo uma parte.

O finado, homem de talento e grande saber, dedicou-se desde moço ao professorado, tornando-se o mais respeitado dos mestres. Teve nesta capital um importante estabelecimento de instrução primária e secundária por onde passaram quase todos os homens válidos da geração atual.

Afetuoso e pacato, de uma bonhomia patriarcal, aliava a esses predicados um espírito de disciplina, de modo a se fazer muito querido.

Em um período da história do Rio Grande do Sul em que as paixões partidárias estavam no auge, os políticos compareceram ao enterro no cemitério da Santa Casa, sem levar em conta diversidades ideológicas, movidos tão-só pela unanimidade do respeito ao decano dos professores de Porto Alegre. Em sinal de luto, as sedes dos dois partidos – liberal e republicano – fecharam suas portas, e o mesmo aconteceu com as redações dos jornais.

As mulheres da família, como era costume até meados do século XX, não compareceram ao enterro no Cemitério da Santa Casa. Maria Angélica ficou com as filhas em casa, e, após repousar por algum tempo, se juntou a Yayá para tratar de assuntos domésticos e das crianças. A resignação e a sobriedade eram herança familiar, e seguiriam a influir nas reações da minha avó, vida afora, diante das tantas perdas que sofreu.

Maria Angélica sobreviveu ao marido dois anos. Maria das Dores, a Mariquinhas, casou-se vestida de noiva, em 1902, de véu e grinalda na cabeça branca. Seu marido foi Antônio Marques, tesoureiro do Banco da Província. Para não se separar da sobrinha e afilhada Edith Pinto Ribeiro, Mariquinhas decidiu que todos se mudariam juntos para o casarão maior, ao lado, de número 187. Foi nessa casa que Maria Olívia, a Yayá, morreu em 1943, encerrando-se a era dos Gomes na rua Duque de Caxias, a antiga rua da Igreja.

Na distância esclarecedora do tempo, os testemunhos de admiração e afeto de ex-alunos – muitos deles superando, na trajetória de suas vidas, o brilho do próprio mestre – são justificados pela vida de Fernando Ferreira Gomes. O historiador Souza Docca resume a importância de seu ex-professor em uma homenagem que pode ser estendida a todos que se dedicam com entusiasmo e talento ao ofício de ensinar:

Não tem a emoldurar-lhe o nome ilustre o brilho das glórias políticas nem o fascínio das glórias militares, mas tem a sagrar-lhe a memória veneranda a mais invejável das glórias, aquela que vive na posteridade dos que passaram a vida iluminando cérebros.

Outros colégios Fernando Gomes

Através do Decreto N.1917, de 20 de janeiro de 1913, o presidente do Estado, Carlos Barbosa Gonçalves, cria no 1º Distrito Municipal de Porto Alegre o Grupo Escolar Fernando Gomes, que passou a funcionar no mês de março do mesmo ano. Seu primeiro diretor foi o prof. Ivo Corseuil, e o presidente da República então era Hermes da Fonseca.

No ano de 1919, foram concluídas as obras de um grande prédio destinado ao Colégio Elementar Fernando Gomes, na rua Duque de Caxias junto ao Alto da Bronze. A construção foi custeada pelo Estado com o gasto total de 559.268$497, quase 560 contos de réis. A Secretaria das Obras Públicas entregou o prédio à Secretaria do Interior em 1920, conforme Relatório do Presidente do Estado, dr. Antônio Augusto Borges de Medeiros. Mas as aulas do novo colégio só seriam instaladas a 18 de março de 1922.

O Colégio Elementar Fernando Gomes ficaria naquele local até 22 de abril de 1946, quando o interventor Ernesto Dornelles mandou fechar a escola, transferindo sua diretora e trezentos alunos para o Grupo Escolar Paula Soares. E o edifício foi preparado para a instalação da Escola Técnica Estadual Senador Ernesto Dornelles, fundada em junho de 1946.

Fernando Gomes não seria esquecido pela rede escolar do Rio Grande do Sul. Em 1958, foi instalado no prédio da Rua Jordão 243, na Vila Bom Jesus, o Grupo Escolar Fernando Gomes que, em três anos, tornou-se pequeno para o número de alunos, sendo alugado mais um prédio como anexo. O colégio cresceu e o nome mudou para Escola de 1º Grau Fernando Gomes, passando a funcionar em prédio próprio, na Rua Frederico Guilherme Gaelzer, 168. Mais de mil alunos freqüentam os cursos de Ensino Fundamental e Médio, Educação de Jovens e Adultos, honrando a biografia de seu patrono.

Rua Fernando Gomes

Existe em Porto Alegre uma rua que homenageia o "ilustre educador porto-alegrense", aberta, em 1904, a partir da rua Barão de Santo Ângelo até a avenida 24 de Outubro, na lateral da Hidráulica dos Moinhos de Vento, inaugurada no mesmo ano em que a Intendência Municipal encampou os serviços da Cia. Hidráulica Guaibense. Em 1926, a rua recebeu o calçamento de pedras irregulares e no final do século XX foi asfaltada.

A pequena rua Fernando Gomes, graças aos restaurantes instalados a partir do ano 2000 e a gente bonita que por lá circula, ficou conhecida como "calçadão da fama", sem que os freqüentadores soubessem quem foi seu patrono, famoso professor em Porto Alegre no século XIX. Fernando Gomes certamente gostaria de andar por sua rua, em final de tarde, de cartola, apoiado na bengala de cabo de prata, fumando seu charuto hamburguês.

Posfácio

Este livro não teria sido concluído sem a colaboração de uma série de pessoas que me inspiram uma profunda gratidão. Quando comecei a reunir o material e pesquisava sobre a vida do professor Fernando Gomes, no cenário de Porto Alegre no século XIX, confiei ao historiador Sérgio da Costa Franco minha insegurança em escrever um livro histórico, por não ser historiadora. Lembrando jornalistas que têm entrado nesse ramo com êxito, Sérgio me encorajou a seguir firme na idéia de fazer a biografia do importante mestre porto-alegrense. E Sérgio da Costa Franco faria muito mais: leu os originais, fazendo os devidos reparos históricos e dando sugestões.

O professor Flávio Loureiro Chaves, mestre em literatura e amigo de tantas décadas, realizou a avaliação final do trabalho. Sua palavra generosa é um alento para publicar este livro que retrata meu bisavô Fernando Gomes e deu ensejo a trazer à tona os costumes do século XIX em Porto Alegre.

O arquiteto e pesquisador Miguel Duarte, secretário executivo do Instituto Histórico e Geográfico do Rio Grande do Sul, foi meu cúmplice nesse projeto, não só pela valiosa consultoria dada às pesquisas como o entusiasmo que imprimiu aos nossos diálogos. Durante seis meses, mergulhamos na cidade de Porto Alegre do século XIX, em busca da história do "nosso professor".

Confiei à jornalista Cláudia Laitano a preparação dos originais, que ela realizou com grande interesse pelos relatos, enquanto a escritora Cintia Moscovich sugeriu, no decorrer da sua leitura dos originais, o aprimoramento de algumas palavras e expressões. Graças a orientação do professor Angêlo Ferreira Monteiro que, além de enviar sua dissertação de mestrado, guiou-me para imaginar o primeiro passeio de Fernando Gomes recém-chegado a Vassoura.

Diante das diferentes versões sobre a formação positivista de Fernando Gomes recorri ao professor Nelson Proença, que fez uma leitura crítica dos textos alusivos ao positivismo no Colégio Gomes. Fernando Gomes era um latinista que amava a mocidade. Também por isso, recorri ao jovem professor de latim Pedro Gonzaga para escolher a epígrafe que abre o livro.

Os interiores do prédio onde foi instalado o Colégio Gomes foram reproduzidos graças à memória da professora Lia Leite Serrano. Em menina, ela residiu no casarão da rua Duque de Caxias 943. Quando Lia contou que, brincando no porão, descobriu as balas que haviam sido guardadas de uma das guerras – Farrapos ou do Paraguai –, imaginei que os meninos do Colégio Gomes deveriam ter tido a mesma curiosidade. Outra colaboração importante para detalhar o prédio que não mais existe foi a de Lucy Marlene Muller, do Atheneu Espírita, a entidade que em 1959 adquiriu o imóvel para instalar sua primeira sede.

Há no livro algumas situações que tomei a liberdade de criar, como as conversas de Fernando Gomes com as visitas de familiares de seu genro João Pinto Ribeiro Filho. Os assuntos discutidos são sobre fatos reais e as situações imaginadas podiam ter ocorrido.

Concentro em Vanessa Campos, historiógrafa e arquivista da Cúria Metropolitana de Porto Alegre, meu reconhecimento aos dirigentes e funcionários dos arquivos estaduais e municipais que consultei. Eficientes e bons historiadores – maioria deles jovens –, facilitaram nosso trabalho. Cada descoberta de dados ou a solução de uma charada – porque pesquisa histórica não deixa de ser uma charada – era uma vitória compartilhada.

Fiz novas relações, pessoas interessantes que muito contribuíram para este trabalho. Um dos novos amigos é o ilustrador Hélio Ricardo Alves, que fundamenta em conhecimentos da História de Porto Alegre as imagens por ele traçadas.

O prof. Gervásio Rodrigo Neves, diretor do Instituto Histórico e Geográfico do Rio Grande do Sul, acolheu-me durante os seis meses que freqüentei aquela casa de pesquisa. Faço ao IHGRS a doação das cartas e documentos do meu arquivo particular focado em Fernando Gomes, incluindo documentos sobre seu pai, o jornalista farroupilha Vicente Ferreira Gomes, esperançosa que outros pesquisadores e escritores se nutram dessas informações para desenvolver novos trabalhos e descobertas.

Muitas pessoas me orientaram em assuntos de sua especialidade, emprestaram livros, indicaram fontes de pesquisa ou os descendentes de personagens que fizeram parte da vida do prof. Gomes. São eles: Alba Rangel de Paula Leite, Antônio Chaves Barcellos, Berenice Corsetti, Carlos Maximiliano Filho (Rio de Janeiro), Carlos Cirne Lima, David Coimbra, Francisca Moreira Espinosa, Francisco Araújo Santos, Juarez Fonseca, João Altmayer Gonçalves, Luiz Inácio Medeiros, Marcelo de Oliveira, Miguel do Espírito Santo, Moacyr Scliar, Neusa Tasca (São Paulo), Olyr Zavasky, Osvaldo Job, Pedro Haase Filho, Ricardo Chaves, Regina Maria Carneiro da Cunha (Rio de Janeiro), Rolf Maximiliano Freudenfeld (Rio de Janeiro), Rosa Suzana Ferreira, Sergius Gonzaga, Sergio Schultz Pinto Ribeiro, Telmo Pinto Ribeiro Filho, Teniza Spinelli e Vera P. dos Santos.

Celia Ribeiro

Genealogia de

Fernando Ferreira Gomes

Porto Alegre: 1830-1896

Maria Angélica Cabral Gomes

Porto Alegre: 1832-1898

Bisavós paternos de Fernando Gomes:

Manuel Gomes: Minho (Portugal)

Maria Teresa da Costa: Vila Chã - Bispado de Coimbra (Portugal)

Bisavós maternos:

Desconhecidos

Avós paternos:

Apolinário José Gomes: Lisboa 1758-P. Alegre 183...

Perpétua Maria dos Santos Robalo Gomes: P. Alegre 1777-1869

Avós maternos:

Manuel dos Santos Robalo: São Paulo

Ana Álvares de Porciúncula: Rio de Janeiro

Pais:

Vicente Ferreira Gomes: P. Alegre 1805-1838

Francisca Aucta Vélez Gomes: P. Alegre 1810-1888

Bisavós paternos de Maria Angélica:

Manoel Cabral de Mello: Ilha de Santa Maria (Portugal)

Inácia de Jesus: Ilha do Faial (Portugal)

Bisavós maternos:

Thomas Faro da Costa: Ilha de Fayal (Portugal)
Maria Jeanita (?): Ilha de Fayal

Avós paternos:

Antônio Cabral de Mello: Portugal 1756-P. Alegre 1835
Maria Angélica de Figueiredo: Rio de Janeiro... -P. Alegre 1799

Avós maternos:

José Francisco de Faria e Costa: Ilha de Santa Catarina (Portugal)
Florinda Cândida de Jesus: Rio Grande 1761

Pais de Maria Angélica:

Américo Cabral de Mello: P. Alegre 1786-1850
Bernardina Severiana da Costa: P. Alegre 1793-1857

Descendentes de Maria Angélica e Fernando Gomes

Filhos:

Maria das Dores Gomes Marques: P. Alegre 1858-1925
Emílio Emiliano Gomes: P. Alegre 1861-Rio 1938
Maria Olívia Gomes Pinto Ribeiro: P. Alegre 1866-1943

Netos:

Alba Gomes Josetti: P. Alegre 1890-Rio 19...
Maria Rangel Gomes: P. Alegre 1892-Rio 1952
Ruth Gomes de Paula Leite: Rio 1895-1975
Helena Gomes Godoy: Rio 1902-1952
(Filhas de Emílio Emiliano Gomes e Rita Rangel Gomes)

Edith Pinto Ribeiro da Costa Gama: P. Alegre 1890-1929
Ivo Pinto Ribeiro: P. Alegre 1892-Rio1933
João Pinto Ribeiro Neto: P. Alegre 1893-1943
Hugo Pinto Ribeiro: P. Alegre 1894-1941
(Filhos de Maria Olívia Gomes Ribeiro e João Pinto Ribeiro Filho)

Bisnetos:

Paulo Gomes de Paula Leite: Rio 1923-20007
Cláudio Gomes de Paula Leite: Rio 1925-2000
Fernando Gomes de Paula Leite: Rio 1928
(Filhos de Ruth Gomes de Paula Leite e José de Paula Leite)

Emília da Costa Gama: P. Alegre 1910-1914
Fernando da Costa Gama: P. Alegre 1913-1996
Ruy da Costa Gama: P. Alegre 1913-Rio 2006
Paulo da Costa Gama: P. Alegre 1914-1917
Maria da Costa Gama Berardo Carneiro da Cunha: P. Alegre 1917-Rio 2000
(Filhos de Edith Ribeiro da Costa Gama e Plínio da Costa Gama)

Newton Jacques Pinto Ribeiro : P. Alegre 1919-Rio 1959
Lia Pinto Ribeiro de Mattos: Rio 1923
(Filhos de Ivo Pinto Ribeiro e Heloísa Jacques Pinto Ribeiro)

Gisella Bastian Pinto Ribeiro de Pellacot: P. Alegre 1927
(Filha de João Pinto Ribeiro Netto e Lya Bastian Pinto Ribeiro)

Roberto Pinto Ribeiro: P. Alegre 1922-1988
Celia Krieger Pinto Ribeiro: P. Alegre 1929
(Filhos de Hugo Pinto Ribeiro e Maria Krieger Pinto Ribeiro)

Tataranetos:

Regina de Paula Leite Pache: Rio 1955
Marcelo Alencar de Paula Leite : Rio 1959
Andréa de Paula Leite Farias: Rio 1960
Roberto Alencar de Paula Leite: Rio 1961
(Quatro bisnetos de Emílio Emiliano Gomes)

Getúlio Vargas da Costa Gama: Rio 1941
Edith Maria Vargas da Costa Gama: Rio 1942
Ângela Maria Pinto Ribeiro: Rio 1946

Murilo Sérgio de Mattos: Rio 1946 (Mais dois irmãos de Murilo)

Antônio Carlos Berardo Carneiro da Cunha: Rio 1943
Myrian Berardo Carneiro da Cunha: Rio 1945-1974
Osmar Berardo Carneiro da Cunha: Rio 1947
Regina Maria Berardo Meschesi: Rio 1948
Maria Christina Berardo Rucker: Rio 1950
Maria da Conceição Berardo Carneiro da Cunha: Rio 1954-2004
Sérgio Berardo Carneiro da Cunha: Rio 1955

Hugo Pinto Ribeiro: P. Alegre 1952
Luis Pinto Ribeiro: P. Alegre 1953
Jorge Pinto Ribeiro: P. Alegre 1955
Sérgio Pinto Ribeiro: P. Alegre 1959
(17 bisnetos de Yayá Gomes Pinto Ribeiro)

Bibliografia

ALVES, Hélio Ricardo. *Porto Alegre foi assim.* Porto Alegre: Sagra Luzzatto. 2001.

ANUÁRIO DO ESTADO DO RIO GRANDE DO SUL – 1898 – pág.193 a 201.

CESAR, Guilhermino. *História da Literatura do Rio Grande do Sul.* Porto Alegre: Globo, 1939.

COUTO E SILVA, Morency do. *Rio Grande do Sul: imagem da terra gaúcha.* Porto Alegre: Cosmos Ltda, 1942.

DAMASCENO, Athos. *Jornais, críticos e humanistas da Porto Alegre do século XIX.* Porto Alegre: Livraria do Globo, 1944.

DAMASCENO, Athos. *Imprensa Literária de Porto Alegre no século XIX.* Porto Alegre: URGS, 1975.

DAMASCENO, Athos. *Artes plásticas no Rio Grande do Sul.* Porto Alegre: Globo, 1970.

ESPÍRITO SANTO, Miguel Frederico do. *Júlio de Castilhos e o paradoxo republicano.* Páginas 19 a 29 e 241 a 253. Porto Alegre: Nova Prova, 2005.

FERREIRA, Arthur Filho. *História Geral do Rio Grande do Sul.* Porto Alegre: Globo, 1959.

FRANCO, Sérgio da Costa. *Júlio de Castilhos e sua época.* Porto Alegre: UFRS, 1967.

FRANCO, Sérgio da Costa. *Porto Alegre Guia Turístico.* Porto Alegre: UFRS, 1988.

FRANCO, Sérgio da Costa. *Santa Casa 200 Anos.* Porto Alegre: Irmandade da Santa Casa de Misericórdia, 2003.

FRANCO, Sérgio e Valter A. Noal. *Os viajantes olham Porto Alegre.* Santa Maria: Anaterra, 2004.

MEDEIROS, Laudelino. *Escola Militar de Porto Alegre.* Porto Alegre: Universidade, 1992.

MONTEIRO, Angelo Ferreira. "O caso Benatar e as redes de sociabilidade no município de Vassouras no século XIX." Dissertação de Mestrado, Porto Alegre: 2005.

MORAIS, Roberto Menezes de. *O casal Furquim Werneck.* Porto Alegre: Liney, 1985

PORTO ALEGRE, Achylles. *História popular de Porto Alegre.* Porto Alegre: Unidade, 1994.

PORTO ALEGRE, Achylles. *Palavras ao vento.* Porto Alegre: Selbach, 1925.

PORTO ALEGRE, Achylles. *Homens ilustres do Rio Grande do Sul,* Porto Alegre: Typographia do Centro, 1916.

RAPOSO, Ignacio. *História de Vassouras.* Fundação 1º de Maio, 1935 [?].

REVERBEL, Carlos. *Pedras Altas.* Porto Alegre: L&PM Editores, 1984.

SANHUDO, Ari Veiga. *Porto Alegre. Crônicas da minha cidade.* 1º volume. Porto Alegre: Sulina, 1961.

SCHNEIDER, Regina P. *A instrução pública no Rio Grande do Sul.* Porto Alegre: Est Edições, 1993.

SOUZA DOCCA. *História do Rio Grande do Sul.* Rio de Janeiro: Gráfica Olímpica Editora, 1954.

STEIN, J. Stein. *Vassouras.* Rio de Janeiro: Nova Fronteira, 1985.

Jornais e revistas:

Jornal do Comércio – nov. 1867 – *Correio do Povo* – fev. 1899. Artigo de Carlos Maximiliano. "O Seminário de Outrora".

Mercantil – 1878. *A Reforma* – 1876. *O Século* – *O Pharnal* – *A Aurora Literária* –

Caderno de História – *Nº 24* – 2007 – Memorial do Rio Grande do Sul.

Positivismo – *Arquitetura de Porto Alegre no Período Positivista* – Memorial do Rio Grande do Sul.

Acervos consultados

Arquivo Histórico da Cúria Metropolitana de Porto Alegre
Arquivo Histórico de Porto Alegre Moysés Vellinho
Arquivo Histórico do Exército – Rio de Janeiro
Arquivo Público do Rio Grande do Sul
Arquivo Histórico do Rio Grande do Sul
Arquivo do Correio do Povo
Biblioteca do Solar dos Câmara
Biblioteca Pública do Estado do Rio Grande do Sul
Instituto Histórico e Geográfico do Rio Grande do Sul
Instituto Histórico e Geográfico de Vassouras
Museu de Comunicação Social Hipólito José da Costa

Nomes atuais de ruas citadas

Caminho Novo – rua Voluntários da Pátria
Rua do Arvoredo – rua Fernando Machado
Rua Clara – rua General João Manoel
Rua da Igreja – rua Duque de Caxias
Rua da Ladeira – rua General Câmara
Rua Nova – rua Andrade Neves
Rua da Ponte – rua Riachuelo
Rua da Praia – rua dos Andradas
Rua Santa Catarina – rua Doutor Flores

Índice de Ilustrações

Índice

D

E

F

T

V

W

GRÁFICA EDITORA
Pallotti
IMAGEM DE QUALIDADE

Santa Maria - RS - Fone/Fax: (55) 3220.4500
www.pallotti.com.br